獨旅十九（下）

踏破荒野，
關於我從城市背包挑戰極地探索的事

作者——貝琪梨

自序

開始著手動筆寫作本書，時值新冠疫情初爆發，看著世界陷入對未來不安的混亂，卻正好適合翻開多年前陳舊的旅行筆記本和資料，細細回味幾乎快被遺忘的曾經年少輕狂。

人生的經歷有些看似有用，有些看似和未來的人生宛如八竿子打不著，我個人相信，每一個經歷或許表面上並非直接相關，但是總能替未來的自己產生一些能力和助力，例如最常在網路社交媒體上被吐槽在學生時期學習了沒用的微積分，認為對後來的工作完全沒用，但是學習微積分過程中的運算邏輯訓練或許有幫助，或許那些經驗對後來的事業、工作、人生的幫助似乎無法量化來衡量，但是每一個經驗對一個人的認知、替做下一個決定的影響都是存在的。

回首過去，我感謝過往的自己，從小沒有特別設限地學習各種東西、參加各種比賽，例如交通規則比賽、查字典比賽、演講比賽、朗讀比賽、書法比賽等等，如今仔細思考，即便當初多麼會翻查字典，現在人根本用不上這個技能，只需要拿出手機按一按就能有答案，甚至現在許多網路線上文章，充斥著許多人根本不在乎誤用的錯別字。然而，或許在當年練習查字典比賽的過程中，熟記文字結構的同時，對於使用正確國文字的語感增強了，即便在多年後，身為生醫類組出身的我，參加「一字千金」節目，讓我感受到自小浸濡在國語文學的能力，即便離開國語文學的世界許久，那些刻印在靈魂中的能力依然存在。

會提起這些，是因為某一回我在整理關於斜槓主題的演講時，我仔細地思考起我斜槓的前因後果，我將它歸因於年輕時自助旅行的經歷。而今回想起來，一切的開始，不就只是「年輕時朋友揪我一起出國玩」，這麼簡單平凡的一件事罷了。

因為旅行，想紀錄所見所聞及當下所感動，開始用文字和影像紀錄，開始攝影，因為旅行和攝影，開始寫書、辦攝影展、演講等領域的開展。

凡事都需要個契機，或許當年的我也可能出去了一趟，發現自助出國只能啃麵包、背著十幾公斤的大背包在大太陽底下找旅館、睡機場又睡車站，後來的人生決定宅在家追劇比較舒適，而再也不想出門自助旅行，但是至少體驗過了、嘗試過了，可以確定自己的真實喜好。我確實也有認識的友人，很肯定地告訴我，她以前出國十天，發現真的不喜歡離開家那麼久。

最後我檢視當年的我，體驗了第一次自助旅行，因為喜歡旅行，有機會接觸不同的人事物，可以看到、聽到、摸到、聞到、嚐到各種自己在書上、電視上、別人口中描述的事物，「原來真的是這樣」、「跟電視上看到的不一樣」，學會自己去判斷和評價事情的能力。

自助旅遊必須自行規劃與決定要前往的行程，自行承擔旅途中各式各樣的突發狀況，以及要有自己想辦法解決問題的能力，例如，突然遇上非洲國家國內航空公司員工罷工，是否提早調整行程更改班機或改為陸路移動，例如到了俄羅斯偏遠地區的當地，才發現租車的文件全是看不懂的俄文等狀況。

斜槓生活與急診工作是相輔相成的，急診工作與單一專科科別的病患最大的差異，是病患的主訴與病症繁雜，必須在極短的時間內從海量無關緊要的訊息中，透過觀察、問診中抓到重點。

例如，被鄰居報案送來虛弱的中風過病患、路倒被路人報案送來急診身分不明意識不清的病患、只有不諳中文的外勞帶來急診就醫的老人家、被偶爾返鄉的子女認為和以前不一樣但完全不清楚病患平常服藥和疾病史的病患等，必須在短時間從病人的理學檢查和檢驗評估猜測病人是否為感染、電解質異常、抑或急性二次中風，也有可能是在家一氧化碳中毒、或是腸胃道出血。

這些看似和旅行不相關的醫療專業看診分析，其實和自助旅行有相似的核心概念，當你一個人旅行在阿拉伯語區或是非洲必須聽著口音奇重的英語，替走進診間用濃濃腔調的英文表示不會說中文的外國病人看診，或是在俄羅斯極地用google翻譯互相溝通如何生火與安全規範，跟在診間打開電腦goole翻譯網頁，直接打字翻譯成緬甸文詢問病患在家鄉是否有被診斷甲狀腺疾病，有著異曲同工之妙。

這本書，不只是一本半自傳，也不只是遊記的集合，更是千禧年後兩個十年以來自助旅行型態演進的歷史記錄。想起寫到二〇一三年第一次去俄羅斯的篇章一半時，我讀了好一陣子俄羅斯的歷史，正巧烏俄戰爭開打，原本以為很快結束的惡夢，未料至今仍未終止。一邊正紀錄著世界的歷史，同時世界一邊正在創造著新的歷史。

此書，獻給在天上的阿母，當年十幾歲的我第一次想要自助旅行時強烈反對我，讓我經歷了如何和觀念不同的人抗爭、溝通、學習、成長的機會，還有獻給在鹽水小鎮把自己健康顧得很好的阿爸，讓我無後顧之憂地做自己想做的事。以及，獻給所有曾經對自己人生設限的人，去嘗試看看旅行吧！

貝琪梨 記於二〇二四年五月十二日 母親節

12

二〇二三年一月

斯里蘭卡

第一次南亞自助旅行

「原來佛牙『遠在天邊，近在眼前』，
這種巧合，宛如這個美妙動人的英文字Serendipity，
經常被翻譯成美好的巧合、奇緣，
它的字根來自於波斯語Serendip，
這個字的意思就是錫蘭！」

Sri Lanka

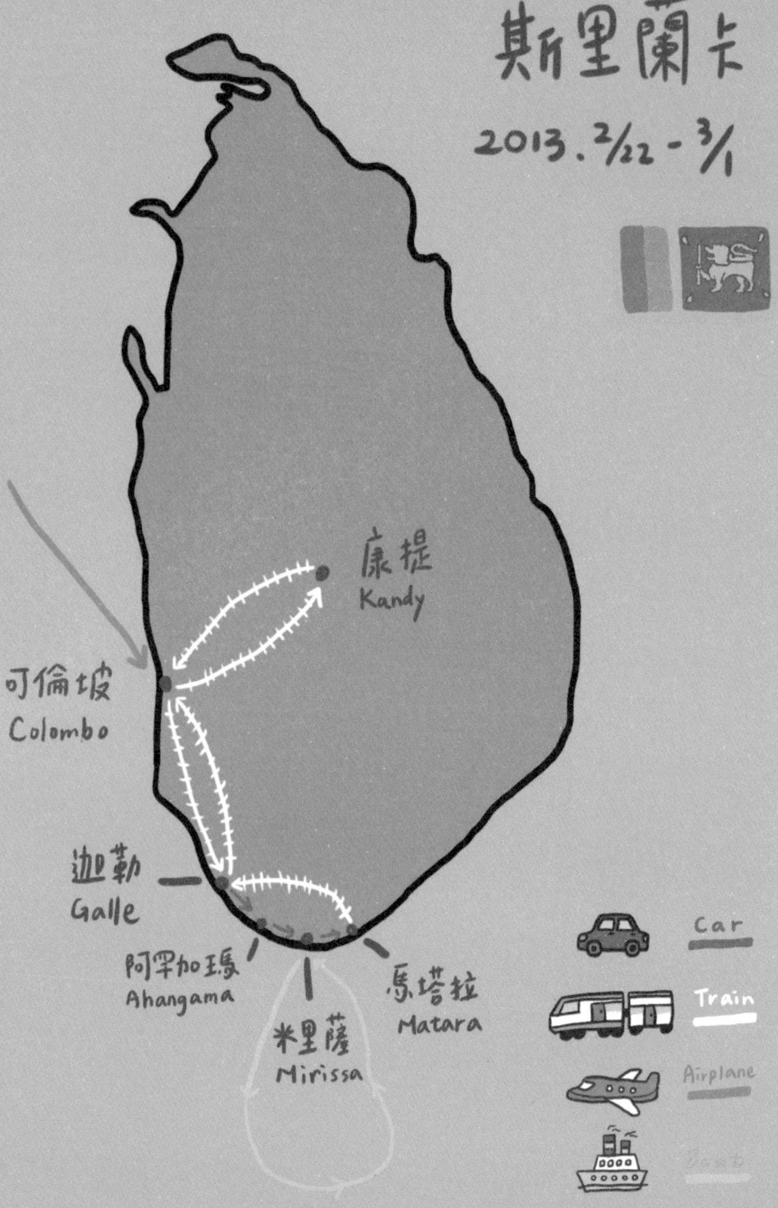
斯里蘭卡
2013.2/22-3/1
康提
Kandy
可倫坡
Colombo
迦勒
Galle
阿罕加瑪
Ahangama
米里薩
Mirissa
馬塔拉
Matara
Car
Train
Airplane

#不是印度的印度？

這趟斯里蘭卡旅行夾在兩趟極地旅行之間，二〇一二年十二月底前往近乎永夜的芬蘭，揭開了我接下來二十趟追逐極光之旅的序幕，二〇一三年三月準備前往攝氏零下三十度的阿拉斯加，當時選擇前往斯里蘭卡，起初單純是做為兩趟極地旅行的喘息，一來相較北歐或北美這裡距離台灣不太遠，二來氣候不需要攜帶許多厚重的禦寒衣物，三來相對物價相對便宜，四來申辦入境簽證手續不麻煩，五來就只是當時的我還沒去過南亞罷了。

身邊去過南亞印度的朋友們，對於印度的評價兩極，喜愛印度的便為之著迷，不愛印度的從此和印度絕緣。我個人自從經歷過，在埃及走在路上不斷被搭訕和招惹的不悅經驗，決定先去隔壁評價治安較好的斯里蘭卡，原先以為這裡僅是「治安比較好的印度」。

斯里蘭卡這個旅遊地，是我使用刪除法後所選擇的集合結果，並非因為斯里蘭卡本身的特點而前往，我好奇地詢問了曾經去過斯里蘭卡的朋友們，當初是什麼原因驅使他們前往，有人是為了朝聖世界遺產的獅子岩，有人說為了衝浪，有人說為了拍攝水下藍鯨影像，有人為了傑弗里·巴瓦現代熱帶主義建築[1]，有人是去義診，有人是為了受邀幫忙評估建置空中醫療運送去開會，更多的是因為沒去過而去，和當年機票便宜還有里程兌換機票很划算。

我和旅伴二阿梅經香港轉機，抵達飯店時已經凌晨十二點，當初我刻意挑選一間位於首都可倫坡（Colombo）加勒路上西臨海岸邊的飯店，夜半透過白色窗框的大窗，能夠眺望月光灑落在印度洋上，我忍不住推開窗希望感受印度洋吹拂而來的海風，未料一股熱氣襲來，吹散了我前一刻滿腔的偽文青風雅，畢竟這裡是北緯七度的熱帶地區，我迅速扣上窗戶，吹著冷氣，打開行李，準備梳洗休息。

隔日一早醒來，前晚忘記拉上遮簾，陽光早已透過白色大窗瘋狂擠入室內，儘管這口窗面西，日出晨光並非直射，大抵是從海面上反射來的紫外線亦相當驚人。我朝窗外探去，忍不住驚呼了起來，原來離海如此近，不出一條柏油馬路寬，旁邊過去是道火車鐵軌，再過去便緊臨海水。說巧不巧，一列火車突突而來，畫面看似火車行進的軌跡切割開海洋與陸地，也看似行駛在湛藍的海水上，簡直是動畫世界般的夢幻。

出門搭乘嘟嘟車，這種能夠與街頭塵土進行肌膚之親的交通工具，對於或多或少曾經到東南亞地區旅行過的台灣人，不太陌生，不過畢竟台灣街上沒有這種交通工具，每次搭乘仍會有搭遊樂園遊園車的新鮮感。尤其儘管可倫坡是英國殖民過的大城市，偶爾仍會遇見英文溝通勉強的嘟

1　傑弗里．巴瓦（Geoffrey Bawa），被譽為「斯里蘭卡之光」、「亞洲建築之父」、「熱帶現代主義建築的一代宗師」。一九一九年出生在英國殖民地時名舊稱錫蘭的斯里蘭卡，祖父為阿拉伯律師，祖母為英國人，外祖父是在錫蘭的荷蘭自由民，外祖母則是蘇格蘭和錫蘭當地的僧伽羅人混血，他爾後人生的建築風格宛如沈默地展露出他多元血統的融合。

嘟車司機，每一趟上車究竟能否順利抵達想要前往的目的地，似乎都成了一趟大冒險。

這座精巧的大城市，充斥著佛教廟宇、華麗的清真寺、被神祇攀滿整個屋頂外牆的印度教寺廟、教堂、荷蘭殖民時期建築、傑弗里·巴瓦的熱帶現代主義建築，讓整座曾被歸屬第三世界的斯里蘭卡城市，蓬蓽生輝。

在裝潢時尚的商店間逛街，一轉角卻遇見令人移不開視線的印度神廟—Sri Kailasanathar Swamy Devasthanam Kovil（網路上英文翻譯拼字有多種版本，此拼字參考該印度寺廟官方臉書的拼法），車水馬龍的街道上，赫然矗立一座神祇雕像堆砌成山的寺廟，建築物鮮藍色的底座，上頭密布繁複精緻的雕像，密集到彷彿再多一尊阿修羅、多一尊善神，或是一尊仙女，就會被擠落屋簷。該寺據說是可倫坡最大也是最古老的印度教寺廟，從鮮艷的色彩不難看出顯然它經過多次翻新。儘管寺廟多次翻修，不變的是，天花板保留生動的彩繪，描繪著神祇的聖蹟，寺廟主要供奉印度教三相神之一的濕婆神和象頭神甘尼薩，相傳印度教裡頭多達三億的神祇之中最受歡迎的神明。

《漢寶德亞洲建築散步》一書曾提及印度廟和中國寺廟、教堂的巨大差別，在於中國式廟宇和西洋修道院類似，雖有崇拜神祇的主體建築，卻是以僧眾修行做為廟宇建築存在的主要目的，空間以供信眾崇拜之用為主，神龕所佔空間有限，後世所建的廟宇或教堂，幾乎是講堂性質的空間。印度廟則截然不同，完全為了榮耀神而存在，並未考慮人群聚集的使用空間，建築造型比建築內部空間重要，且以山為廟的雛形，以山的形象來表達神的偉大。

當我閱讀到漢先生這段描述宗教建築差異的文字時，恍然頓悟自己為何在親眼目睹這座印度教寺廟時的衝擊感了。又不禁聯想起傑弗里．巴瓦曾說過：「我一直很享受參觀建築，但不喜歡閱讀有關它們的解釋，建築無法被完整地解釋，必須被體驗。」對我而言，建築的確必須被體驗是最重要的，然而或許並非每個人都像建築大師一樣有慧根，有的時候，加上那被大師嫌棄多餘的解釋，對建築的體悟和感受度才能夠倍增，每個人都應該用屬於自己的方式去體驗建築。

實際來到斯里蘭卡，才發現原先以為它跟印度很相似，只是治安比較好，未料誤會大了。這個多民族與宗教融合的國度，其實總人口中約七成四是大多信奉佛教的僧伽羅人，占百分之十一的泰米爾人才是印度教徒，百分之九為莫爾人，其餘較少數的族群為阿拉伯混血後裔、馬來西亞人、舍第人、荷蘭自由民、歐亞混血等。和印度八成人口皆是印度教徒，僅不到百分之一的人口信仰佛教大不相同。

僧伽羅人從前本信奉婆羅門教（古印度教），西元前二四七年信仰佛教的印度孔雀王朝阿育王派遣其子到此島後，僧伽羅人開始改信奉佛教，而奉信印度教的泰米爾人於西元前二世紀左右遷入斯里蘭卡，因信仰不同從西元五世紀至十六世紀，兩族間征戰不止，西元一九四八年斯里蘭卡獨立後，兩族的矛盾並沒有因而化解，而兩造的對立，直到二〇〇九年泰米爾人的激進份子組織「猛虎組織」，其領導人被政府軍擊斃後，斯里蘭卡才真正的結束內戰。

看著斯里蘭卡的歷史，不免又再次想到一九四九年十二月國民政府退守台灣，在那二次世界大戰剛結束紛擾之際，遠方有個位於南亞次大陸東南隅的島國，正結束長達四百五十年歷經葡萄牙人、荷蘭人、英國人的殖民，走向獨立，與此同時，也有個位於東亞大陸東南隅的島國，正揭開往後超過一甲子的兩岸對立歷史序幕。

真正走進這裡，才發現斯里蘭卡，根本不是當初自己所想像的「治安比較好的印度」，這裡是錫蘭，這裡是斯里蘭卡，這裡不是印度！

滴落印度洋的眼淚

決定到斯里蘭卡旅行後，查找資料才意外發現，這個島國上的野生動物生態豐富的程度，竟媲美它底蘊深厚的歷史、宗教和文化。

話說二〇〇九那年，我第一次去了冰島，那時的冰島還不是台灣人熟悉的熱門旅遊地，九月中接近賞鯨季末，買了票、乘了船、出了海，整趟航行不見鯨魚的蹤跡，據船員表示前一日出海的船亦撲了空，再更往前一日之前的每個航次都有目擊鯨魚，大概就是鯨群前一日已經離開了。

當年在冰島的殘念撲空，倒是替爾後在世界各地觀賞鯨豚和海洋哺乳類的想法起了個頭，二〇一〇年在阿根廷出海遇見南方露脊鯨、康氏花斑海豚，在南極看見大翅鯨，二〇一三年在加拉巴哥群島和海豹共游。後來，一查資料，斯里蘭卡這裡能夠有機會遇見藍鯨，童年記憶裡，某一期小牛頓雜誌中，有一幀藍鯨的圖像，需要翻開兩側折頁，使用了總共四頁A4大小的版面才裝容得下，那幅圖片躍然腦中，身長達四十公尺，主動脈直徑達一公尺，當年小牛頓雜誌上形容藍鯨是主動脈寬綽到足以讓人類在裡頭游泳的巨大生物，當然，即便辦得到，我也不想真的在藍鯨的血管裡游泳，然而那股驚奇於地球上存在著如此巨大生物的震撼，自小便在我深層記憶裡埋下印記，也想像不到爾後的人生裡，我竟然能有那麼多次機會在大海裡跟各種鯨魚共游。（見第十七章）

「就是這裡了！二阿梅，我要去看藍鯨！」我指著地圖上斯里蘭卡的西南隅海岸，跟我二姐說道。

查了許多關於斯里蘭卡旅遊的資料，發現四面環海的它，從東部、東南部、南部一直到西南部的海岸，皆有潛水點，而整個南面海岸線更有多達上百個衝浪點，甚至後來二〇一八年知名的住宿訂房平台booking.com公布後台統計資料，全球旅人心目中「五大衝浪聖地」，分別為葡萄牙巴勒奧、斯里蘭卡阿魯甘灣、巴拿馬聖卡塔利娜、哥斯大黎加諾薩拉和斯里蘭卡韋利格默，小巧的斯里蘭卡上榜兩名。

我挑選住宿位在西南海岸一個叫做阿罕加瑪（Ahangama）小鎮的度假村旅館，距離加勒（Galle）往東約半小時的車程，度假別墅飯店有自己的海灘，不需要擔心顧慮自己的財物，從海邊回到房間盥洗也極為方便。從阿罕加瑪再往東車程半小時的米里薩（Mirissa）港口，便有賞鯨船從這個港口出發。

一抵達阿罕加瑪，我和二阿梅透過飯店立刻報名參加隔天一早的賞鯨船。天尚未亮，因為接駁前去港口的時間太早，飯店很貼心地替我們準備早餐的外帶餐盒，一大早起床肚子確實有些飢餓，卻猶豫著晚點就要搭船是否要進食，儘管已準備好暈船藥，卻仍不希望自己吃下肚的早餐在船上又看見它們第二次，我想起中學時期閱讀的世界名著《紅髮安妮》，未滿十歲的主人公安妮曾對養父馬修說過一句話：「我暫時不想讓任何食物通過我的喉嚨。」

抵達港口天色初亮，準備出海的其他外國遊客也陸續抵達，導航員簡短地行前說明後，大家依序領過救生衣登船，雙層棧板的賞鯨船，大家不約而同地往二樓就位。在海上搜尋了一陣子，似乎有船隻先行發現鯨魚的蹤跡，無線電通知其他船長位置，不一會兒，便在海上發現鯨魚的噴氣。"Blue whale!" 當年的我其實沒有能力辨識眼前的鯨魚究竟是什麼鯨魚，只能確定自己看見的是鯨魚無誤，至於是什麼鯨魚，現在有人說是藍鯨，那就當是藍鯨好了！[2]

幾年後，我在持續旅行的人生中，遇見了金磊大哥，一位將生命投注在捕捉大海裡鯨豚影像的台灣水下攝影大師。爾後，不諳水性、不擅游泳的我，竟有朝一日也能到南太平洋的東加王國拍攝水下大翅鯨（二〇一六年九月），到北極圈裡的挪威北海拍攝水下虎鯨（二〇一九年十一月），對自己未來再次回到斯里蘭卡的期許，默默地變成希望能夠在大海裡和藍鯨相遇，而不是在海面上只能看見二十分之一的藍鯨。

生者與死者的共同派對

若不是當初搜尋到的渡假別墅飯店在阿罕加瑪，理論上我不會停留在這個並未被列在任何斯里蘭卡旅遊推薦的小鎮，未料最後倒是在這裡度過了整趟斯里蘭卡旅程最難忘的一日。

我和二阿梅到鎮上閒晃覓食，想試試飯店餐廳以外的在地飲食，街上那些傳統的店鋪都引起我的興趣，正當我拿起相機拍攝一間修理腳踏車的店鋪時，老闆突然開口對我說話，起初我以為他是要告訴我不要拍照，一開始拍腳踏車店時，我有刻意避開拍攝到人，老燈泡光線下的腳踏車剪影別有氛圍，讓我忍不住按下快門。不過老闆和我搭起話聊了起來，他並不介意我拍攝，反倒是熱情地介紹了起來，甚至領著我們到店鋪後方去瞧瞧，原來是二〇〇四年南亞大海嘯，海水淹沒城鎮，當時淹水的高度痕跡依舊遺留在老腳踏車店鋪的水泥牆上。

我想起鹽水老家走廊上的廊柱，同樣有一道高過一般成人身高的淹水漬痕，歷經隔壁鄰居和緊鄰的廟宇多次整修，多年來老爸始終保留著那道一九八七年九一三水災的漬痕。

2 後記，多年後提筆的此時，我將當年拍攝的鯨魚照片，請台灣第一水下鯨豚攝影師金磊，幫我鑑定我當年目擊的鯨種，金磊表示斯里蘭卡該海域較容易和藍鯨混淆的鯨種為布氏鯨（Bryde's whale），布氏鯨的上顎有三條縱脊，藍鯨上顎的縱脊僅有一條，確認我當年看見的真的是藍鯨啊。（已感動流淚）

幼年記憶中是一個接近中秋佳節的日子，莎拉颱風帶來瘋狂的雨量，雨一直下，一直下，加上海水倒灌進八掌溪，水一下子淹沒了鹽水小鎮。我看見我家門口原本是大馬路的地方全部覆蓋了濁褐色的水，時不時飄過不知是生是死的豬隻，還有隔壁鄰居家水果行流出的麻豆文旦柚。我家在地勢較高的馬路這一側，這側是八戶人家的透天連棟大樓，街坊鄰居靠著開雜貨店的第七戶鄰居家裏儲貨，從頂樓傳遞分發店裡的儲糧物資給其他戶鄰居。

多虧當年還在世的老媽，機警地在第一時間便決定趕緊把一樓廚房的菜刀、食物和活動式瓦斯爐搬上二樓，在持續豪雨大水淹沒的往後將近一週，我們家還有熱食可以吃。大水淹沒了高達一層樓的高度，鄰居木匠師傅一家的房子位在地勢較低的馬路對側，全家人被大水驅趕到沒有廚房、沒有儲糧的二樓。老爸、老媽想辦法用好幾根長達三、四公尺的塑膠水管接合，把繩索遞到對面鄰居家，從家裡這側的三樓將泡好的泡麵透過繩索吊著紙箱傳送到對面鄰居家二樓去，而當年那幾根救命的塑膠水管，數十載過去了，竟還靜靜倚靠在鹽水老家三樓房間的牆角，往事歷歷在目。

或許在那場南亞海嘯裡，有什麼是腳踏車店老闆不想遺忘的記憶，他才選擇保留下牆上的那道漬痕，我想。

參觀完南亞海嘯淹水的歷史痕跡，倒是沒多久，看起來閒著沒事路過的鄰居小哥，大抵是好奇為何會有外國女子在腳踏車店裡聊天，也跟著湊一腳。神奇的是，這位古道熱腸的小哥，竟然邀請我們去前面街上一戶人家的「喪禮」瞧瞧。

"Funeral?" 我提高了尾音，重複問了小哥兩次，確認我並沒有聽錯。是的，喪禮。儘管當下覺得參加陌生人的喪禮相當詭異，但是這種最能感受當地人文化的婚喪喜慶，是無比難得的機會，一股強烈的好奇心驅使，便跟著他前去。

更令人出乎意料的是，到了喪禮現場後，才發現並不是邀請我們的小哥他家，舉辦喪禮的是別人家！著實傻眼，起初我感到尷尬，倒是小哥幫我們找到主人，並表明來意，主人竟也就熱心地招待起我們。後來才知道是這戶人家的女主人一年前過世，在斯里蘭卡不同地域、不同時間，沒有宗教的區別，都有「達納」的習俗（Dhana，布施之意），這是每當有人過世，亡者的家人會以亡者的名義，在選定的日子裡舉行「達納」，他們準備食物宴請親朋好友，也供應給當地附近的窮人、街友吃，一天、三天或一個星期不定，較富有的人家甚至每隔半年或一年舉行一次，甚至會慎重地在方圓幾百公尺的電線桿上貼公告，廣邀親友、街友，此舉是藉著布施來幫助可憐之人，同時也是替往生者積德。

當時我並未理解斯里蘭卡人所說的Dhana，於是他們用Party派對一詞來向我解釋這個喪禮的形式，說到底也不能用一般的喪禮來說明達納，但是我注意到，在這場活動裡，參加的男女老少臉上都沒有透露出哀傷，與其說是喪禮，倒真的比較像派對。

當時辰到了，大家突然都慎重地到大門口外去迎接從廟裡來的僧人隊伍，也迎來達納的重頭戲，在斯里蘭卡僧人擁有相當崇高的地位，據稱是主人特地請人去寺廟迎接僧人到家中誦經，霎時所有人的表情都變得肅穆虔誠，恭迎著僧人們進到主人家布置好的儀式廳堂，接下來誦經祈福的儀式，據稱會一路持續整晚到隔天中午，我們在中途休息的片刻，跟著體力不支的小孩們一起提早離席，主人倒也不在意我們早退，斯里蘭卡人的熱情親切友善，我們著實充分感受到了。

#火車、佛牙、斯里蘭卡奇緣

離開海岸線，我們從鐵路在海岸線的終點站馬塔拉（Matara）搭乘火車前往康提（Kandy），這個英文名很像糖果（Candy）的城市，卻有著十分苦澀的歷史。七個小時的車程，火車會沿著來加勒時原途回到可倫坡，再繼續往東北山區前進康提，有旅者曾說：「來到斯里蘭卡，務必要體驗一趟火車之旅。」英文旅遊書上建議搭乘頭等座位，不過有錢亦很難買到頭等座位（頭等座位票價也僅三百六十斯里蘭卡盧布，時約折合台幣九十元），最後我和二阿梅只能買到一般車廂座位，關於只花一百九十五盧布（不到台幣五十元）能夠搭乘七個小時的火車、移動兩百五十公里，感到極為不可思議。

一般車廂的火車，類似台灣過去沒有冷氣的普通車，二月份仍屬乾季，火車進站後停止行駛期間，十分悶熱。搭乘火車的乘客相當眾多，越駛離起始站人越多，沒兩站，站票的人就擠滿走道。這時不得不佩服厲害的小販們，有人頭頂著販售的商品，仍然能擠過人群兜售商品，有人販售類似台灣炸甜甜圈之類的煎餅或帶餡酥餅（Rotti），一袋袋裝著三角形或圓球狀的酥餅，甚至有人販售咖喱或是炒餅（Kottu）等熱食，也有人兜售飲料、小玩具、冰淇淋，觀察火車上小販們各自使出渾身解數做生意，頗有意思，可惜後來二〇一七年十一月斯里蘭卡政府頒令嚴格禁止這種在火車上販售的行為。

車廂中的溫度實在太高了，若不是接近康提的最後一小時車程，因為海拔上升，車廂內的溫度轉涼，七個鐘頭的火車之旅簡直是酷刑。這一天的行程便在高溫的移動火柴盒中度過，抵達康提已是傍晚。

旅人來到康提，目的不外乎這裡盛產遠近馳名的錫蘭紅茶，還有供奉佛祖、佛牙、舍利的佛牙寺。斯里蘭卡有兩千多年的歷史，從十六世紀初開始歷經了葡萄牙、荷蘭、英國長達四百五十年的殖民，康提王國是斯里蘭卡在葡、荷殖民的兩百年期間，唯一未淪陷的區域，當時國王維摩羅·達摩蘇里亞一世（Vimala Dharma Suriya I），利用康提得天獨厚的有利地形，抵禦了葡萄牙和兄弟悉達伐迦王國的攻擊，他妥善保存了相傳西元前五四三年前從佛祖火葬灰燼取出的三顆佛牙舍利之一，並將其安置在新建的佛牙寺內。達摩蘇里亞二世國王統治期間大幅興建現今佛牙寺的主建築，後世又經過多次整修，不過一九九八年泰米爾激進恐怖猛虎組織，在佛牙寺前引爆卡車炸彈造成嚴重傷亡，佛牙寺的正面被炸毀，耗費十年才整修完畢，這正是後來現今舉凡要進入佛牙寺參觀都必須經過嚴格安檢之故。

「佛牙」是斯里蘭卡的國寶，對於僧伽羅人是「皇權」的象徵，據傳佛陀涅槃後留下四顆佛牙舍利，一顆在天上，三顆佛牙舍利在人間，一顆於南宋時由法顯法師帶到中國，現供奉於北京的靈光寺，一顆相傳西元四世紀時，藏在一位公主的頭髮中，從印度帶來斯里蘭卡，供奉在康提現今信徒、遊客如潮的佛牙寺，而第三顆呢？出乎我的意料，就在台灣的佛光山！

據佛光山官網記載，第三顆佛牙原留在印度被珍藏一千多年，十三世紀因伊斯蘭教傳入印度，佛牙被人秘密帶往西藏，供奉在薩迦遮楚秋「龔極拉齋寺」，該寺於一九六八年文化大革命時被毀，佛牙從此下落不明。其後被西藏喇嘛貢噶多傑仁波切拾獲，他冒險橫越喜馬拉雅山，護送佛牙回印度，經其上師與多位法老認證無疑，從此佛牙密藏在他隨身的「迦護」寶盒，長達三十年。一九九八年貢噶多傑仁波切因感年事已高，眼看回西藏已不可能，亦無力興建佛牙寺供養，一九九八年二月，星雲法師到印度傳授三壇大戒，貢噶多傑仁波切感於星雲法師促進世界佛教交流的努力，便與十二位仁波切聯名簽署，將佛牙舍利贈與託付予星雲法師，四月佛牙被迎至台灣供奉於「佛光山」。

原來佛牙「遠在天邊，近在眼前」，這種巧合，宛如這個美妙動人的英文字Serendipity，經常被翻譯成美好的巧合、奇緣，它的字根來自於波斯語Serendip，這個字的意思就是錫蘭！單純因種種誤打誤撞的巧合，對於「從另外一個擁有佛牙的國度台灣，前來瞻仰斯里蘭卡佛牙的台灣人」如我，無非是一場斯里蘭卡奇緣。

阿罕加瑪小鎮的腳踏車修理店，有種時光倒溯三十年的感覺。

從可倫坡加勒路上西臨海岸邊的飯店房間窗戶望出，一列火車突突而來，畫面看似火車行進的軌跡切割開海洋與陸地。

可倫坡熱鬧的市區。

街上隨處可見嘟嘟車。

印度神廟Sri Kailasanathar Swamy Devasthanam Kovil屋簷上密布繁複精緻的神祇雕像。

沒有冷氣的火車，許多當地乘
客喜歡坐在車廂間或是從窗戶
探出頭來吹風乘涼。

站票的人擠滿走道，佩服厲害
的小販們還是能頭頂著商品擠
過人群兜售商品。

斯里蘭卡的火車上磨肩擦踵。

各國遊客早起前來搭船賞鯨，穿上救生衣後不約而同往雙層棧板的二樓就座。

小時候小牛頓雜誌上所繪的藍鯨，目前人類知識範圍內，尚存活在世界上體型最大的動物，正在咫尺眼前噴氣。

緊鄰印度洋的渡假旅館私有沙灘。

找到位於阿罕加瑪緊臨沙灘的豪華渡假旅館大門，早已入夜。

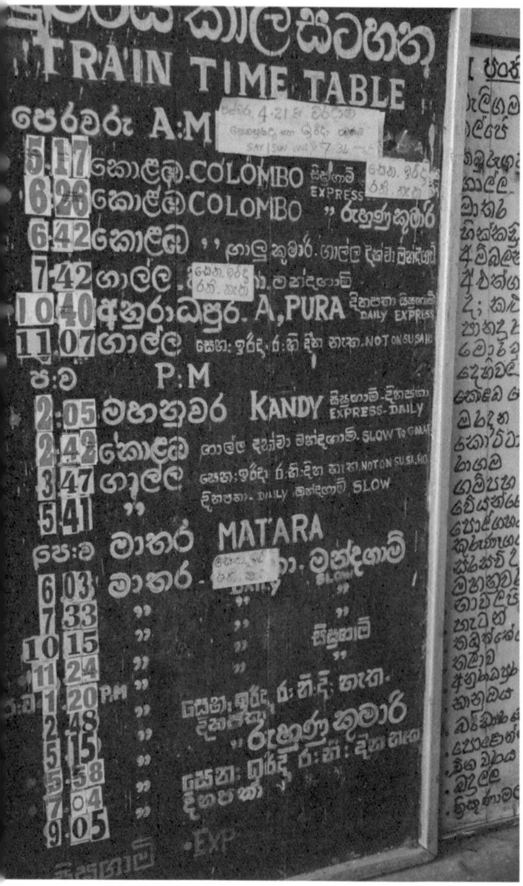

復古的斯里蘭卡文火車時刻表。

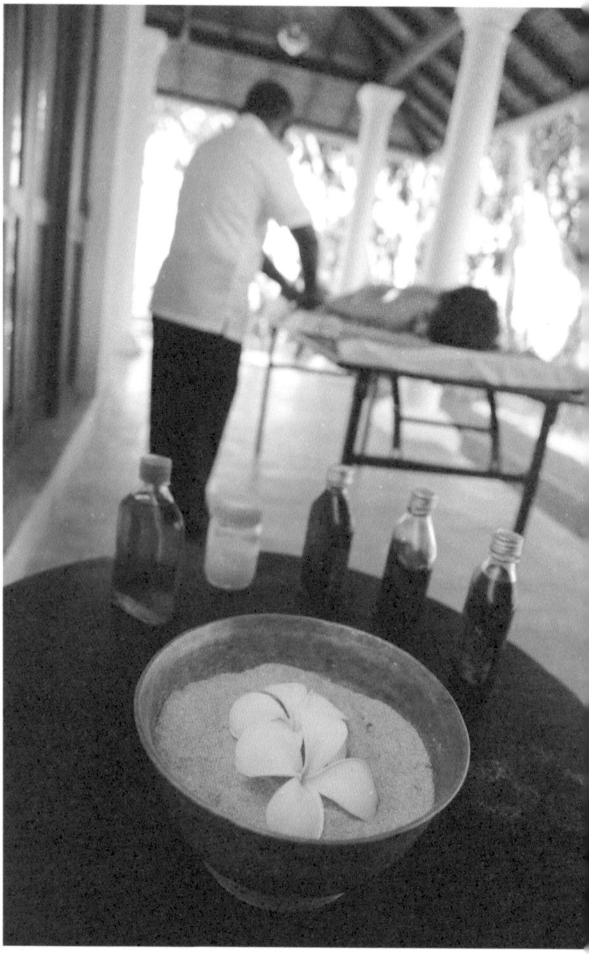
渡假模式的旅行，迎著印度洋海風，在沙灘邊享受精油按摩。

印度洋的夕陽晚霞。

阿罕加瑪小鎮上隨機遇上的當地小吃店。

大家到大門口外去迎接從廟裡來的僧人隊伍。

僧人們進到主人家布置好的儀式廳堂，眾人不分男女老幼，表情肅穆地誦經祈福的儀式。

與前來參加達納的死者親友合影。

13

二〇二三年七、八月

挪威、芬蘭、俄羅斯

第一次北極圈橫跨歐亞旅行

「我看著他們肩併肩坐在懸崖岩石上的背影，在地球很北很北的陸地一同眺望世界更北更北的海洋，我看見了一種雙手共攜、雙腳徒步才能抵達的浪漫。」

and, Russia

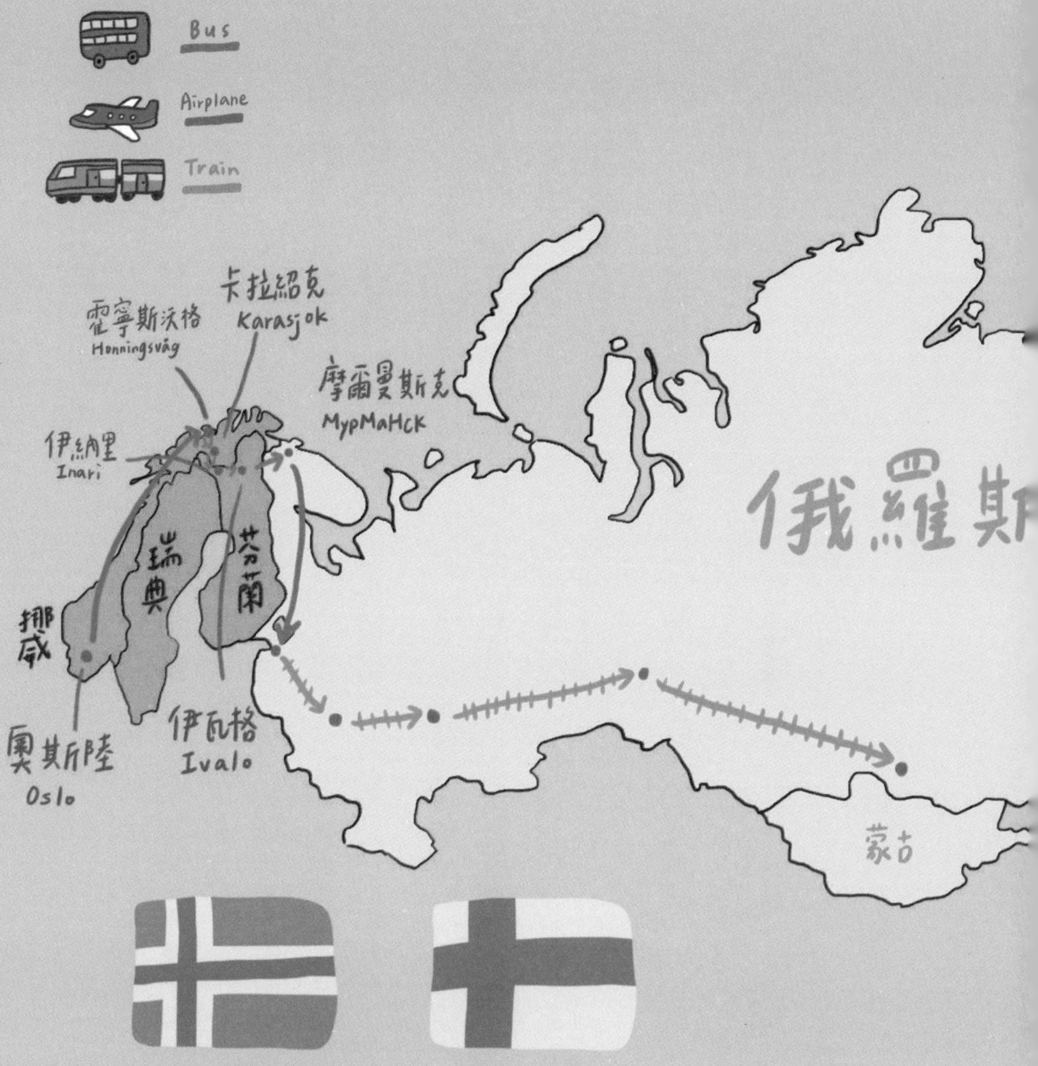

挪威、芬蘭、俄羅斯

2013、7/21－7/29－8/17

Norway, Fin

#從北歐到北亞

這趟一個月的旅程，我先是打算獨自飛往北歐的挪威，從其首都奧斯陸飛進北極圈，在北極圈裡從挪威跨進芬蘭，再直接從芬蘭進入俄羅斯領土範圍的北極圈極地裡，接著從世界上北極圈內的第一大城摩爾曼斯克飛往聖彼得堡，最後前往莫斯科和之後的旅伴們會合。旅伴們包括一對不搭飛機只靠海陸運輸環北半球一周的旅遊神人「敝姓辜」Megan母女，和從台灣出發前來的大姐姐會合，合體後再一同搭乘西伯利亞鐵路往東穿越整個西伯利亞，前往遠東地區的貝加爾湖。

由於工作需要白夜輪班的關係，過去我在台灣調整時差的次數遠大於因為頻繁出國所需調整的次數，調整生理作息是稀鬆平常的事情，比起前往美洲完全日夜顛倒的時差，前往歐洲所需調整的時差只有約莫六至八個小時，相對容易，然而通常抵達國外的前兩日，身體總是誠實，老是在台灣的就寢時間就開啓了舒眠模式。

身為經濟型的旅人，只能藉由不斷地起降、不停地轉機，以時間來換取節省航空交通費用。轉機—Transit，對於熱衷旅行但有盤纏考量的旅人而言，轉機就是「轉機」— Turning point，即是Opportunity，機會。二〇一九年香港「反送中事件」以前，我經常利用中國的航空班機轉機前往歐美，在那個大航空年代，途經中國轉機來回北歐的機票，只需要台幣兩萬元上下，換算成更直觀有感的比較方式，就是在墾丁五星級獨棟度假屋一晚的住宿花費，便能搭一趟飛機來回北歐看極光了。

我在廣州待了數個小時，經過一夜飛行清早抵達阿姆斯特丹，這個機場當時的我曾來去近十次，遠遠超過我前往台北故宮的次數，身為一個台灣籍的國際旅人，我該感到羞愧。在經過一夜機上難眠，抵達阿姆斯特丹的清晨，面有菜色。在機場的盥洗室梳洗一番過後，我只想把握有免費無線網路的時光，趕緊從網路上查詢下載資料，完成這些原本該在離開台灣前做完的事情。

未料，被一名旅居美國的埃及男子搭訕，說是搭訕，男子起初想跟我借轉接插頭替手機充電，我的習慣是登機背包裡也會隨身攜帶轉機國家的轉接插頭，以備不時之需。表面上我和男子禮貌性地聊天，其實我內心只希望趕快下載完所需資料，在機場內找個地方打個盹，極度的睏倦讓我索性冒著失去轉接插頭的風險，告訴男子可以借他使用，約好幾點鐘我再回來找他拿就好，豈料男子竟說「那妳要去哪裡，我陪妳一起去，我想跟妳在一起。」旅人本該樂意與人交流互動，但是對於疲勞不堪的旅人這並不成立。

登機上最後一段航程，終於擺脫埃及男子。我從阿姆斯特丹到奧斯陸，機場到市區，火車站到旅館，疲憊的身體拉著行囊拖行過可恨的浪漫石板路，入住旅館後，我躺在床上一面抬腿讓血液回流，一面盤算著這高緯度城市的夏天，距離天黑還有將近六、七個鐘頭可安排的行程，盤算未果，卻在天光無限好的下午四點便失去意識。

沈睡了十四個小時，我終於醒來。抵達北歐的第二天，生理時鐘瞬間轉換成北歐時差，卻只剩下一日的機會可以走走看看這個北歐城市。

#歐亞長征之旅的第二天

這是漫長的一天，我人生中有史以來數一數二漫長的一天。

清晨醒來，下樓前往飯店的餐廳用餐，驚人的豐盛自助早餐，讓我在奧斯陸的第一餐，便嚐到挪威經典的魚子醬和羊奶酪煙燻起司，上百種品項的餐點一字排開，光是優格的穀物類配料二、三十來種整齊排放在原木餐檯上，讓人眼花撩亂，卻又食指大動，顛覆了原本對挪威飲食的想像，以為挪威人的飲食文化如同北歐設計一般的簡約無華。

奧斯陸是座博物館密度極高的港口城市，旅行總是這樣，來到了當地才發現時間永遠不夠用。早餐過後，我用了奧斯陸旅遊通行卡搭地鐵前往孟克博物館，直到來奧斯陸，我才知道原來名畫《吶喊》出自於挪威畫家孟克之手。

孟克博物館規模不大，網路上曾經有部落格文章讚揚該博物館可以隨意拍照，曾幾何時，二〇一三年當時已需要到地下室寄物櫃存放背包，進入前隨身物品都必須經過輻射線掃瞄安檢。我想誰也沒料到二〇二〇年後的新冠疫情期間，竟然參觀博物館還需要接受生物安檢，須出示疫苗注射卡和量測體溫呢。慢慢參觀完一輪，我才意外發現似乎某些區域可以攝影，經確認，確定一進入安檢後方的繪畫室和落地窗廊，以及裡頭最大的主展示廳是准許攝影的。於是為了拍照，我繞回入口再次接受安檢，重新走一遭，然後放心地四處按快門。

離開孟克色彩濃烈線條扭曲風格的空間，我搭地鐵再步行前往市政廳前的港口，路過諾貝爾和平中心，便順道進去參觀，內心私自忖度，這所博物館倘若不是可以使用奧斯陸旅遊通行卡進入參觀，這麼嚴肅乏味的博物館可能會面臨門可羅雀的窘境。

我在港口隨著排隊人潮，買了小販售亭的熱狗堡套餐草草當午餐，隨後搭渡輪到奧斯陸灣對岸的比格島。比格島因為維京航海歷史而列入世界文化遺產之列，半島上的地價、房價極其昂貴，從渡口步行到維京船博物館的二十分鐘路程，看見島上獨棟大庭園豪宅比比皆是，連蹲伏在圍牆內庭園草地上的寵物犬，秀麗毛髮的光澤竟也顯得尊貴不凡。

維京船博物館挑高的大廳展示著線條優美的巨大維京木雕船，船身佔據了博物館內絕大多數視線流動的空間，彷彿博物館建築本體是為了裝容這艘船所特地打造的容器，船身沈穩漆黑悠悠地透露著北海英雄過往的輝煌。

我又步行前往下一座博物館，同樣坐落在比格島上的民俗博物館。民俗博物館佔地遼闊，傳統建築村落裡，有工作人員穿著傳統服裝展示古代人工藝製作或是勞動情形。博物館園區裡頭還有位於教堂建築內的博物館，教堂裡頭展示前衛設計的服裝，禮拜堂裡莊嚴的空間，竟擺設滿真人尺寸的假人模特兒，像樹林般林立在禮拜堂的一樓平面，展示著超乎現代一般人有勇氣敢穿著的滑稽服飾，至少在古今的電影裡和現實生活中，我從未看見真人穿過類似展示於此的服飾走在街頭，這堪稱我參觀過最詭異的博物館之一。

民俗博物館距離渡輪口有一段距離，我改搭公車從比格半島返回奧斯陸市中心，再搭電車。地鐵、步行、渡輪、公車到電車，這是今天的第五種交通移動方式了。

＃塞翁失馬

天光仍明的傍晚七點，我在電車上猶豫著是否要繼續前往韋格蘭露天裸體雕刻公園，猶豫的原因是清早醒來後，已活動超過十二個鐘頭，逛了五個博物館，背著相機包和腳架在奧斯陸幾乎繞了大半圈，身體有些許疲乏，在電車上忍不住打盹一會兒，沒兩下的光景，為了美好的高緯度斜陽天色，我還是決定繼續前往公園拍照，在韋格蘭裸雕公園站匆匆下電車。

韋格蘭裸雕公園佔地廣大，從入口處行經草坪和排樹，步行約莫五分鐘才走到接近雕像矗立的區域。我拿起相機對著一座雕像正準備拍照，快門還沒按下，因為覺得拿在手上的奧斯陸旅遊通卡片礙手，於是放下相機，決定先把票卡收好，騰出兩手專心拍照，這才驚覺那裝著護照、信用卡、金融卡、歐元現金、手機、飯店房間磁卡的隨身貼包不在身上。我不敢置信地在身上又探看了一遍，自顧自在嘴邊呢喃了句英文髒話，花了幾秒鐘讓自己相信旅行十幾年來這次竟然真的第一次讓護照離開身上，竟然，在計劃跨行歐亞大陸旅程的第二天就失去了所有所謂重要的東西！

我愣在雕像前，開始回憶來時路，漫長的一日搭過四種交通工具、到過五間博物館，很快我在腦中像是錄影帶倒帶般掃瞄過記憶的影像，我想應該是遺失在電車上，記憶的影像清楚顯示前一段路在公車上，我還確確實實地將隨身貼包背在右肩且夾在相機包右側背帶下。和煦陽光照在我這個無心眷戀的旅人身上，特地來到這裡卻一張裸雕照片都沒拍，便速速快步向公園入口大門往回走。

我跳上電車，告訴司機先生我的錢包和護照可能遺落在約莫十分鐘前的那班同號電車上。司機先生問我：「妳有手機嗎？我給妳一個電話號碼，辦公室的人應該可以幫妳。」我困窘地回答他：「我的iPhone也一起掉了！」司機先生抄給我一個電話號碼，至少我身上還有這張可以搭車回到旅館的奧斯陸旅遊交通卡，我腦中閃過接下來各式各樣的可能，那段半個鐘頭左右的電車路程，無比漫長。

感覺被掏空到幾乎一無所有的我，回到旅館，先告知櫃檯人員稍早前發生的事，她幫我再製造一張房門磁卡，我這才進得了房間用筆電上網撥打網路電話。打了幾次自己的手機，前面幾通先是無人接聽，最後一通先是沒有接聽隨即被掛斷了！這是不好的預兆，按照常理推論，如果是好心人撿到應該會接聽起電話，被掛斷一是可能手機響到沒電，二是可能壞人撿到按掛斷。

我撥打電話到電車總部辦公室，對方表示能夠幫我詢問各班次電車司機，過十五分鐘再去電洽詢，我遺失貼身包的那輛電車司機，是一名金髮正妹，因為太過特別，不用刻意去記憶，也讓我留下深刻的印象。等候對方聯繫司機確認的同時，我又嘗試傳簡訊到自己的手機，希望撿拾到的人能夠歸還我的護照，又撥打了幾通電話，依舊不斷被掛斷通話，此刻就幾乎已被宣判大勢已去，那個手上持有我手機的人，一定是壞人！我從行李箱裡拿出備用的護照影本和大頭照，已準備好前往離旅館最近的警察局出發，出門前一刻，再去電給電車總部，不抱希望。

“Yes, we found it!” 電話那頭傳來我聽過最奇蹟的一句話！

“You did?! Oh my Goodness!” 我一向沒有中獎運，所有重要物品失而復得，簡直像是中了大樂透頭彩，尤其是裡頭有俄羅斯簽證的護照，因為信用卡可以掛失、現金遺失可以再賺、手機掉了可以再買，但是若沒有俄羅斯簽證，我鐵定沒辦法在兩個禮拜後到莫斯科和約好的朋友會合，我計劃在世界迷霧[1]上畫出從北歐一路到北亞俄羅斯的路線，將會變成一個坐落在奧斯陸孤單的點。

電車總部的人告訴我，載運著我遺失物品的那輛電車車號，以及它將抵達我旅館附近停靠站的時刻，我懷著忐忑的心情前往停靠站，等待那輛電車到來。從金髮女電車駕駛手中接過我的隨身貼包，內心無比踏實感動，駕駛告訴我一位男性乘客撿拾到時，所有東西散落在地上又撿起，要我確認東西是否齊全，雖然後來發現四百多歐元現金全數消失，不過護照、信用卡、蘋果手機都還倖存，已是大幸。走回旅館的路上，想到有護照隔天能夠照計劃搭國內線飛機前往挪威最北端的國土，想到可以繼續前往俄羅斯，腳步不禁輕盈飛揚了起來。

晚上十點半，為了到車站的提款機領現金，同時先勘查隔天搭乘機場捷運的地點，出門正巧遇上日落晚霞，我索性又到火車站後方的奧斯陸歌劇院拍照，從奼紫嫣紅到餘暉燒燼，然後我才甘心結束這一天的行程。

這是非常，非常漫長的一天。

#踏上歐陸最北盡頭的真、假北角

大隱隱於市，身為庸碌之輩如我只能選擇隱於天涯海角，無奈逃往天涯海角卻因交通問題讓旅程更加不易，所幸撿回失而復得的護照，才撿回這失而復得的旅程。

離開奧斯陸前，我還是不死心地利用清早搭機前的數小時時光，前往韋格蘭露天裸雕公園彌補昨天一張未攝的遺憾。一清早，僅有寥寥的運動者在公園裡慢跑或是騎腳踏車，幾乎沒有觀光遊客，可以恣意地取景拍攝，然而天色雖亮卻無陽光，接近九點，當陽光從清晨的厚雲層間隙射出光束，同時整個公園也開始被大批的遊客入侵，我正巧身處公園最末處、地勢最高的雕像平台上，看見一簇一簇大批人影從數百公尺外的入口處向我的方向移動，不禁緊張地把握最後時機，拍攝背景沒有其他遊客的照片，匆忙收工，與人群逆向而行往大門方向快速移動離去。

1 世界迷霧：一個台灣人所開發適用於iphone的App軟體，可以在沒有網路的狀態下以GPS收訊定位記錄行跡，可以累積等級的遊戲性質軟體，適合愛好旅行的玩家。

接下來的幾個小時內，我經歷了五次起降，才抵達最接近挪威國土除了離島斯瓦爾巴群島以外最北端的機場霍寧斯沃格（Honningsvåg），說是空中巴士不為過，飛機不斷地在不同地點降落，乘客上上下下、來來去去，最後終於抵達目的地。

最後一段航程，除了我之外，原先坐在最後一排的其他乘客全下機，為了平衡飛機的重量，一位壯碩的中年大哥被遣坐到我旁邊的座位，相聊之下赫然發現，他是挪威拍攝生態紀錄影片的製作人，不過真正令我羨慕不已的，倒是他三年前有幸搭乘到Quark公司[2]前往南極雪丘島最後的破冰船航次，此後再也沒有前往雪丘島的航次，前往帝王企鵝的繁殖地。始料未及，一晃眼，我原本想要在第一次前往南極十週年時的二〇二〇年年底再次前往南極，突然間殺出個新冠病毒程咬金，而原本已用里程換兌二〇二〇年六月來回芬蘭的機票，冀望到了北歐再順道去挪威的斯瓦爾巴[3]，結果里程票亦直接被取消，新冠病毒打亂了許多人的計畫。

計程車是霍寧斯沃格機場到小鎮市區唯一的交通方式，妙的是連計程車公司似乎也僅有一家，不論是青年旅館給的叫車電話號碼，旅遊書上寫的電話號碼，和機場大門玻璃上所張貼的計程車公司電話，都是同一個號碼。我與幾個同班飛機抵達的乘客共乘計程車前往旅館，這種在國外很習慣的與陌生人一起的共乘，卻是我在台灣不曾選擇的移動方式。

進入極圈，日子彷彿隨著白晝被無限延長。

人們在號稱歐洲大陸最北端的北角築起一座紀念館，從霍寧斯沃格小鎮前往北角車程約五十分鐘的巴士，從早開到晚上十點，而回程的巴士也因應紀念館開放到凌晨一點，最末班次一點十分從北角出發返回霍寧斯沃格小鎮。人們慕名而來，凌晨十二點，本該是早已進入夢鄉的時刻，紀念館裡卻擠滿為目睹不西落的夕陽而來的遊客。

明信片裡印著午夜時分仍高掛海平面上的夕陽日照，顯然必須擁有夠好的運氣才看得見，北角北臨白令海，一年到頭多數的日子籠罩在濃厚的霧氣裡，我和其他這日來到北角的遊客一樣，雙手瑟縮在口袋中，迎著極圈夏日七月攝氏三度的寒風，望著眼前那片白霧蒼茫興嘆。

我想起前一年（二〇一二年六月）在愛爾蘭西岸的世界遺產「摩哈的斷崖」（Cliffs of Moher），正巧也是個陰雨天，雨水驅趕了原該塞滿瞭望台圍牆邊的人龍，濃霧遮蔽了斷崖，我獨自撐傘在細雨中等候兩個鐘頭，斷崖僅曇花一現五分鐘，上天眷顧，讓我看見不同於明信片上的風景。

午夜正刻，闇夜從未真正降臨，大霧卻遲遲不肯褪去。遊客們不減興致地與矗立在觀景台正中央的地球儀雕像合照，這是北角的地標，儘管知道這裡是「號稱」歐洲板塊大陸緯度最北的「假北角」（Nordkapp）（N71°10' 27"），我亦不免俗地與之合影。氣候不佳，我不免擔心起

2 Quark 奇航公司，一家美國專門營運南北極極地旅遊的船運公司。

3 後來筆者在二〇二二年八月台灣解封（二〇二二年十月）前，前往斯瓦爾巴，作為世界疫情解封後第一趟旅行的地點，完成疫情開始後未能成行的旅程。

隔日的行程，原本打算前往真正歐陸緯度最北端的「真北角」克尼夫謝洛恩角[4]（Knivskjellodden）（N71°11'07"），那是一段只能靠徒步前往的路途。

#前往真正的歐陸最北端

克尼夫謝洛恩角和北角，一西一東併排，往北向白令海伸突而去，在地圖上狀似馴鹿角。夏季一日六班的巴士，週一到週日全年無休，從霍寧斯沃格小鎮發車往返北角。只需要付費、跳上巴士、經過五十分鐘，便可以抵達有暖氣、咖啡廳與紀念品店的「假」北角博物館，而要抵達「真」北角克尼夫謝洛恩角，只能經由一條單程九公里、來回十八公里的徒步道前往，前往北角的巴士會經過步道入口，不過這裡並未設置停靠點，必須另行告知巴士司機讓乘客在步道入口處下車。

這是災難的開始。

巴士司機讓我下車在我以為的步道入口處，旋即揚長而去，一下車我張望了四周路況又比對了地圖，感覺似乎有異，走了一段路過後，找不到步道的起始點，我開始懷疑所在的位置是否為自己原先認為的地點。

身處荒煙蔓草之境，所幸視線範圍內遠遠可見幾棟建築，唯一一條馬路，路邊一側坐落著一間茅草屋頂的紀念品商店，我速速向它奔去，打算前去問路，竟然店內沒有半個人影。晃了半响，還是沒人出現，店家倒也還真放心放任著整家店的商品無人看管。

馬路另一側商店相對的坡地上有幾戶人家，我前去探勘希望能夠有人可以問路，依然不見人影。我杵在屋外欄杆前伸頭探腦，好不容易瞧見其中一戶人家窗內有動靜，不一會兒，一位穿著薩米人[5]傳統服裝的大嬸從屋裡朝我走來，謝天謝地，終於有人發現我的求救，然而大嬸的答覆證實了我剛下車時的直覺，巴士司機果然把我下在錯誤的地點，距離步道的入口處還有四公里！我口中謝著大嬸特地走出來幫我指路，同時心裡嘀咕著巴士司機竟然在這荒郊野外把乘客下錯位置。

我無助地往前走，盤算著如果加上這突如其來多出的四公里，勢必趕不及走完步道返回出口處搭上七點半左右會經過的巴士。於是鼓起勇氣，人生中第一次舉起拇指在路邊攔便車，儘管過去的人生裡曾經搭過幾次便車，但是像這樣直接在馬路邊舉拇指卻是頭一遭。我想這裡實屬天涯海角，即便屬於熱門景點的唯一道路，汽車路過的頻率仍舊低得讓人氣餒，而每輛好不容易出現的車輛，透過車窗看見似乎都是滿載，從眼前疾駛而過。終於，一輛副駕駛座窗戶敞開的車輛緩速停下，窗裡露出一張帥氣的臉龐，霎時胸口有短暫到無法計量的怦然心動，接著透過窗往裡瞧，駕駛座上是一位金髮女孩，神智立刻回到現實。

4 Knivskjellodden，網路上常見翻譯名為克尼夫謝洛登角，然而挪威語的發音較接近克尼夫謝洛「恩」hmmm的發音，且音節重音在「恩」，故譯之。

5 薩米人（Sami），為生活在北極圈裡的傳統游牧民族。

"Could you give me a lift?"（能讓我搭個便車嗎？）我厚著臉皮詢問。沒想到，男生立刻下車將堆滿行李的後座挪出個空位讓我上車。原來這對好心的男女是從德國一路開車自助旅行到挪威，碰巧他們也正打算前去克尼夫謝洛恩角健行步道。四公里的便車，讓我省去一個鐘頭的腳程，內心感激不已。

步道的入口，僅是一方稍作整平的石地停車場，謝過好心讓我搭便車的德國男女，起初我還找不著步道從哪開始，在眼前曠野處定睛端倪半晌，原來藏身在雜草間的低矮石堆，便是步道的指引，爾後才體會出這條通往真正歐陸最北端的步道，它的路線大抵得靠想像力在石堆間自行劃出一條假想線，不僅考驗體力也鍛鍊腦力。

午後兩點鐘，我終於開始這趟來回十八公里的健行，經過稍早的一番折騰，似乎剛啟程就感到疲累。走走停停取景拍攝，不出半個小時腳程，即闖入一片白霧中，在極圈高緯度斜陽的照射下，折射出迷幻的光，天空是光亮卻不刺眼的白茫，腳底是濕潤卻非泥濘的青翠，如果停下步伐，旋即萬籟俱寂，疑惑著是否包圍四周的迷霧吸收掉此片刻時空的任何聲響，猜疑著是否從模糊的視線中隨時會駛來一艘維京幽靈船，上頭滿載魅惑人心的嬌豔海妖。

這條健行路線景色地形變化豐富，前面一公里先是晴朗豔光下的翠綠草地，爾後起霧，那抹奶綠繼續伴隨溪流延伸，我看見外國人在彼岸草地上搭帳露營，經過一番起伏坡地，翻嶺過後乍見幽幻的湖泊，從南岸瞭望正巧狀似被扯得細長的心型。繼續往前，察覺地貌漸行光禿，地面暴露出較多的岩石，風勢漸顯強勁，終於走到懸岸，遠遠看見洶騰浪潮湧入的岸口。

順著陡直的石塊而下，高度陡降地顯得倉促，我在這裡和幾位目測約莫八到十歲的金髮小孩們錯身而過，他們準備往回走，我內心不禁佩服西方家庭的觀念和教育方式，因為光是從起始處走到隘口這裡，已經耗費我兩個半鐘頭的體力，而且這條健行步道沒有人工鋪設的石階或是木頭棧道，必須很謹慎腳下的步伐，靠自己雙腳走進去多遠，就必須靠自己的雙腳往回走多遠，不管是七十歲年長健行者，還是八歲小孩健行者皆然。

我好奇著想像未來有天當自己有個八歲小孩時，是否會有勇氣帶他來走這樣的步道，自己是否在萬一小孩突發拗脾氣不想繼續往前走時，能夠順利理性說服小孩必須靠他自己的意志力繼續走完。

顯然與其花腦力思考這杞人憂天的問題，倒不如先說服此刻的自己走完全程來得實際。

從懸岸上，下到海岸邊，遠見石灘上矗立一座以石塊堆砌起的塔，底下掛著一個救生圈，頂端插著一面挪威的小國旗在勁風下飄揚，此時看到大海，以為離終點不遠，卻是這條步道最挑戰的路段起點。從隘口岸邊到終點最北端的紀念碑，約莫二點二公里，這距離若以平時習慣的腳步在台北街頭只需二十三分鐘，在這卻花上我一個鐘頭。最後鄰著懸岸邊的這段路程，簡直是小時候「動動腦」[6]作業裡的連連看實境體驗，看似雜亂無章的點，循序連線最終才能浮現令人理解

6 動動腦，八、九〇年代一款小學課外補充教材出版物。

的圖案，而長大多年後的我，此刻正獨自在一個離城市文明遙遠的地方，從一個標記點尋找連線的下一個標記點。

這裡的地形由南往北走，巨大的岩層左高右低，一路向右側海面延伸而去，岩壁不時攫住低矮的雲層，陰時多雲的氣候，讓巨大的傾斜岩層潮濕不已，三不五時有細流由左而右緩洩而下，有好幾度眼見下個標記點就在眼前，卻被傾斜岩層上的水流所阻擋，如果冒險企圖就這樣筆直穿越而過，極易腳底打滑失足，那將會順著這渾然天成的坡度，一路無阻地滾落入令人迷情的北極白令海中。

走到這裡，我赫然想起稍早前錯身經過的金髮小孩，如果他們確實也抵達終點再折返，表示他們也走過相同的路，小孩能走，沒理由我到達不了。

跟每一回的旅行一樣，目的地通常僅是點綴的配角，旅行的過程才是構成旅行的主體。真正北角的終點，坦白說，是一個樣貌極度普通高約兩米的紀念碑，跟這個引領潮流的北歐設計王國，形象有著令人錯愕的落差。然而從這裡可以往東眺望前一日造訪的「假」北角，看見濃厚的雲霧，猶如棉花糖機裡的糖絮，纏住北角的斷崖，連坐落其上的北角博物館都完全被遮掩住，想必今天簇擁在博物館內的遊客又要失望，無法親眼目睹永不沈落海面的午夜夕陽。

我想，現今在我眼前的，是當我如果有幸活得夠老、膝關節退化後所無法觀賞到的景致。等到我老了，依然可以搭乘有暖氣的觀光巴士，輕鬆抵達北角博物館，等待個晴朗的好日子，一面啜飲要價不菲的熱咖啡，一面看著夕陽泛著霓虹晚霞，在北角地標金屬地球儀雕像後方的海面上，以優雅弧線緩速地輕柔畫過白令海水平面。

#迷霧中重生

然而，其實災難的故事才剛正要開始。

抵達克尼夫謝洛恩角終點的紀念碑地標，我稍作休憩，順便把背在身上剩下的大部分食物吃完減輕重量。不多久，好心載我一程的德國男女也抵達終點，他們的腳程很快，因為他們載我到達步道入口的停車場後，先是在停車場用快速爐煮午餐，用餐完才開始健行。寒暄過後，我看著他們肩併肩坐在懸岸岩石上的背影，在地球很北的陸地一同眺望世界更北的海洋，我看見了一種雙手共攜、雙腳徒步才能抵達的浪漫。

回程首先得再度通過那溼滑的傾斜岩層，不過此刻我已經大概知道路徑的方向，不像來時必須不斷尋找前進的方位。回到灣岸隘口處，比來時快了二十分鐘，接著來時陡直而下的懸岸，現在成了令人上氣不接下氣的陡直而上。回程啓程一個鐘頭左右，我竟已經開始感到飢餓，身上只剩少許巧克力球裹腹。不一會兒，腳程輕盈敏捷的德國男女便已趕上我，然後先行而去，我後來相當懊悔當時抱著抵達停車場後再與他們互留聯絡方式的天真念頭，因為這是最後一次與他們交會，他們的腳程實在迅速得驚人。

經過心形湖區的青草坡地後，大霧一片，儘管此時天色未暗，視線能見度卻極差，不到十公尺，霧中只能循著腳下看似人類踩過的軌跡前進，而用來做標示的石堆也只能走到視線範圍內，才能確認自己走的路徑是對的。

走著走著，突然遍尋不著下一個標示用的石堆，我疑惑著，往前再走一小段路四周一片迷茫的曠野，前進的距離顯然已經超過理當出現下一個標示石堆的距離。我試圖找路，為了確保自己若找不到去路時，至少還能夠順利退回正確的最後一墩標示石堆，在周圍三百六十度樣貌近乎相同的迷霧草地曠野中，記住來時的方位。

大霧中傳來此起彼落禽類的叫聲，此外沒有任何人類文明的聲響，我試探地摸索著，向來時方向約逆時針一百二十度的方位走一段距離，依稀看見霧中隱約有個疑似石堆的尖塔黑影，抱著一絲希望快步前去，等到靠近至能夠看清的距離，定睛一瞧，竟是一隻體型龐大的黑鳥站立在石塊上，而看清的一時間，牠與我同步受驚嚇，扯著尖銳的嗓音拍翼離去，消失隱沒在大霧中。

恐懼，隨之而來，因為最後一絲希望也幻滅了，確定自己真的在天涯海角的荒郊野外迷路了。

晚上八點半，到此時已經出門走路七個多鐘頭，身上食物已經殆盡，氣溫攝氏兩度，又累又餓又冷，手機電信收不到訊號，我腦中開始盤算著：這裡野外沒有大型肉食性動物，生存的敵人大概是失溫，得等到隔日上午大霧散去才有機會走回出口。如果不幸在此處永遠失去體溫，至少手機軟體世界迷霧的GPS定位，可以記錄下生命裡最後的足跡，該說我是樂觀還是悲觀呢？當下的我內心一邊盤算一邊苦笑自嘲著。

短暫驚嚇過後，我冷靜下來，試圖憑著身體方位的記憶，在霧裡往回走，打算走回最後確定的標示石堆附近，再重新找路。我小心翼翼在四周視線所及皆是一片白霧的狀態下，讓自己儘可能精準地順時針轉回一百二十度角再往回走，我明白偏差的角度越大，就可能永遠走不回稍早前最後一墩正確的石堆。

忽然之間，迷霧裡出現幾個人影，我彷彿重生般地正準備對他們吶喊時，發現他們不往我這裡卻往另外的方向離去，霎那間，我便明白我迷路的分岔交界點了。我快步帶跑地追上人影，原來，正確返回起始點的步道必須跨過一道約莫一米寬的水流，然而顯然許多人也曾經走錯，並沒有跨過水流，而是順著水流的這岸草地繼續走，踏出一條小徑，令人可惱的是，錯誤的岔路往前十公尺處，竟又邪惡地堆著一處讓人誤會的石堆！

我很快跟上這幾個像生命曙光的人影。這四位瑞典人很快發現我—這個迷霧中緊跟著他們的可疑東方女子，並且在休息時開了話匣，我告訴他們就在遇見他們稍早五分鐘前在大霧中迷路的事。最後的路程中，其中一位安德烈斯（Andreas）[7]說「還有兩公里」、「還有一公里」，我

7 後記，後來二〇一三年跨二〇一四年初，我再度前往北歐拍攝極光，特地前往瑞典拜訪救命恩人蓮娜（Lena）和安德烈斯（Andreas），故事詳述我於二〇一五年黎明文化出版的《追逐，幻舞極光》第十章。

很好奇為何他知道還有多遠，他告訴我，在瑞典每個小朋友小時候都要參加童軍課程，提醒我永遠記得「健行要帶地圖和指南針」！他手上有份精細的地圖，步道中每個轉彎、每個小溪流、湖泊都有精確標示出。最後原本據說來回只需五個小時的克尼夫謝洛恩角路線，加上被巴士司機下錯地點、大霧中迷路的時間，我花了將近九個鐘頭終於完成。

經歷過這一遭，我想我永遠記得了，健行永遠記得要帶地圖和指南針！

#芬蘭荒野教堂之夏

從霍寧斯沃格搭巴士前往卡拉紹克（Karasjok）這個已經接近挪威與芬蘭邊境的挪威小鎮，這裡也有薩米博物館，半年多前的冬天，我參觀的是芬蘭伊納里的薩米博物館，我投宿在距離市區六公里外郊區的夢幻森林小屋，充滿生機綠意盎然的草地森林包圍著原木搭蓋的小木屋，裡頭卻是充滿設計感的擺設，小木屋的前廊下，還有繩索和原木塊搭成的鞦韆，夏季的北極圈裡白天氣溫約莫二十度上下，涼爽舒適，不過這對昆蟲而言，是適合生存繁殖的氣候，蚊蚋亦是朝氣蓬勃地滋生，多到嚇人。

從卡拉紹克繼續搭乘巴士穿越挪威芬蘭的邊境，來到芬蘭伊納里，我回到上個冬季住宿過的旅館，暨熟悉又陌生的感覺，不過七個月的光景，前一回接近永夜的深冬來訪時，白雪掩蓋了整座小鎮，路旁是二、三十公分厚的積雪，當時初來乍到深冬的北極地，對於當地老人家出門使用雪橇式的輔助拐杖感到新奇，此程重訪，總算看清楚這間緊鄰伊納里河畔的旅館，它屋頂和前庭花圃的樣貌。

我打算再次前往位在伊納里湖畔的皮魯帕亞奇荒野教堂，其英語名Pielpajärvi Wilderness Church，芬蘭語名為Pielpajärven erämaakirkko，上回深冬時節前來，這次希望能瞧瞧它夏季的樣貌，我一向喜歡在各種不同的時機、角度去觀察世間的同一個人事物。

這座一七六〇年在前遺址上重新建造的教堂，據稱是芬蘭拉普蘭地區最古老的教堂，因為位置著實偏僻，亦是芬蘭境內二次世界大戰中唯一一座未被炸毀的教堂，這座遠在北極圈裡的木製教堂，原本即是為北極圈游牧民族薩米人所使用，過聖誕節的時期，當他們游牧移動返回這裡，會使用這座教堂來聚會。

上回來時是氣溫零下二十五度的冬季，通往荒野教堂的健行路線為大雪深埋，只能選擇搭乘小馬雪橇直接穿越冰凍的伊納里湖踏雪而來，正因為深冬時節幾乎沒有遊客，荒野教堂門扉緊閉。令人驚訝的是，帶我前來的雪橇導遊，就這麼直接打開教堂的木門讓我入內，一一推開木製的窗，讓自然光線照進教堂內，導遊表示：「教堂並未上鎖，任何人想使用，都能自行開門，使用完畢離開時，恢復原狀關好門窗以免野生動物闖入，教堂是屬於大家的。」我內心感嘆著，這樣的教堂必須是一群人皆具有公德共識，才得以完善維持兩百五十年。

然而九年後執筆的此時，卻意外發現一則二〇二一年十月伊納里當地發布的新聞，當地負責文化保存的薩米博物館表示，因為近年來觀光客日增，教堂裡有遊客的塗鴉，將考慮關閉教堂。看見新聞上在教堂木質桌牆面上那恣意的塗鴉，不禁令人感到忿怒，為何這些惡人要去破壞不屬於自己的東西，難道他們能接受別人隨意在他們屋子裡塗鴉，更何況是寶貴的文化資產。

夏季前來，觀光活動跟著湖水冰封解凍後的大地生機一樣，蓬勃了起來。夏天有停靠幾個碼頭的遊湖郵輪來往，我從薩米博物館附近的船塢搭乘，遊湖行程結束後，選擇在伊納里湖東側的船塢點下船，從這裡往北步行到荒野教堂約三公里距離較近，能夠從這裡健行到荒野教堂，再沿著一條健行步道逆時針走一圈回到薩米博物館後方的步道入口，總長十一公里。

儘管夏季屬觀光旺季，在人類密度極低的北極圈拉普蘭地區，下船後，一整個下午在荒野步道中遇見的人類數量，竟一隻手的手指便能數完。和煦的陽光穿透白樺樹林，寒帶氣候的地表植被上，在短暫的夏季期間冒出野莓，超市裡看見價格不菲的藍莓、黑莓，活生生地隨處生長在健行步道旁，更幸運地巧遇落單的野生馴鹿，和牠有過幾秒鐘的眼神交會，沿途的一草一露一莓一鹿，讓十一公里的路程顯得過於短促，冀望能無盡延長享受夏季北歐風光。

北極圈拉普蘭地區的原住民薩米人開設的紀念品店，店內擺設馴鹿標本。

於挪威首都奧斯陸的孟克博物館門口自拍。

孟克博物館內有提供讓參觀民眾繪圖的空間，我模仿畫了名作吶喊，背景是小猴、嘿嘿猴和台北101大樓。

奧斯陸灣對岸的比格島上地價、房價極其昂貴，獨棟大庭園豪宅比比皆是，蹲伏在圍牆內庭園草地上的寵物犬，竟也顯得尊貴不凡。

維京船博物館挑高的大廳展示著線條優美的巨大維京木雕船。

奧斯陸民俗博物館佔地遼闊，是歐洲最大的露天博物館，
收藏保留下來珍貴的木造教會建築。

懷著忐忑的心情前往火車站前的電車停靠站，等待載運著我遺失物品的那輛電車到來。

遊客們與矗立在景觀台正中央的地球儀雕像合照，這是挪威北角的地標。

奧斯陸的韋格蘭露天裸體雕刻公園，裡頭一尊生氣跺腳的孩童雕像。

挪威北角健行途中，翻嶺過後乍見幽幻的湖泊，從南岸瞭望正巧狀似被扯得細長的心型。

凌晨十二點半的挪威北角，天色仍未暗，但是起了濃霧。

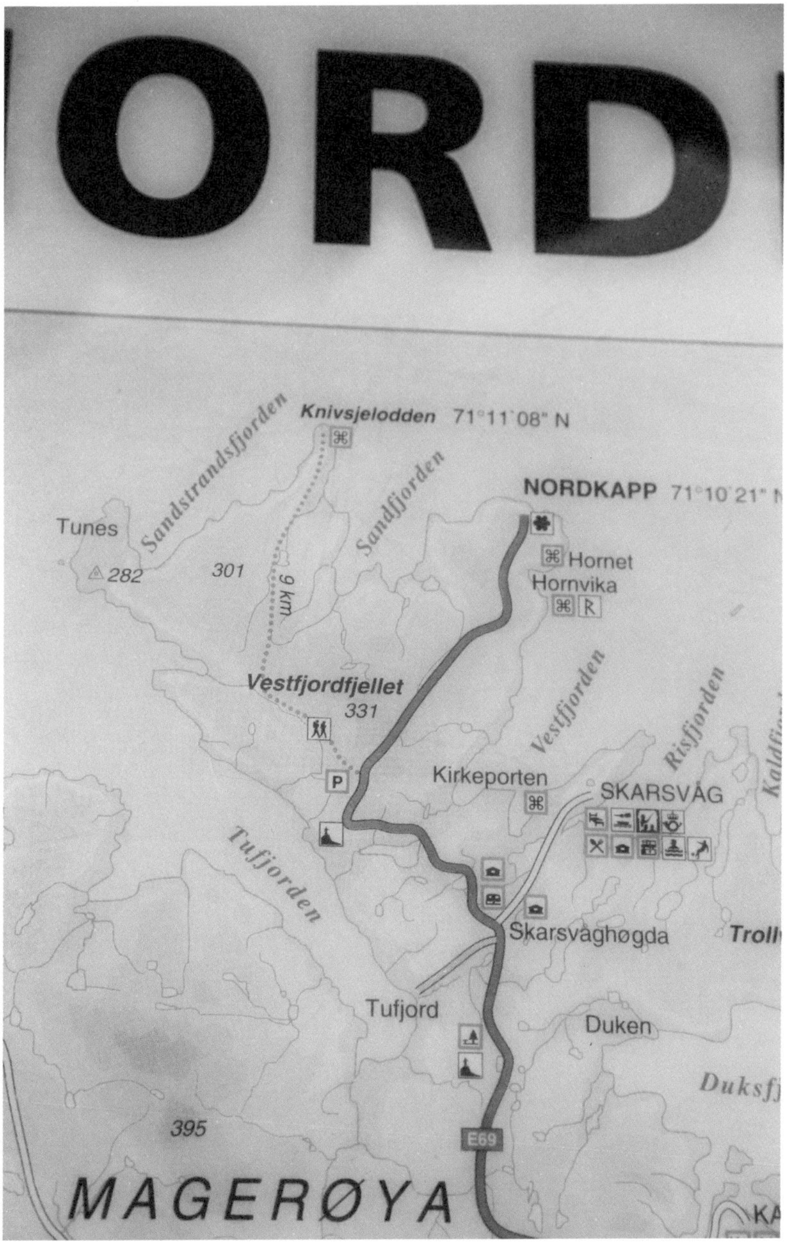

地圖上的粗紅線標示出公車可以直達的「假北角」，左側有一條紅色虛線的健行步道，通往「真北角」。

芬蘭極圈內的伊納里湖畔健行。

芬蘭伊納里湖畔的皮魯帕亞奇荒野教堂，芬蘭境內二次世界大戰中唯一一座未被炸毀的教堂。

從「真北角」往「假北角」方向看去，北角博物館被籠罩在濃霧裡。

芬蘭伊納里湖畔的皮魯帕亞奇荒野教堂內觀，民眾可以自由使用。

13/1 二〇二三年七、八月

挪威、芬蘭、俄羅斯

第一次北極圈橫跨歐亞旅行（續）

「這種看似無意義的行徑，我認為，
這卻是身為人類對這個世界其他萬物最原始的善意。
我喜歡這種善意，或許因為比起在日常工作生活中，
在旅途過程裡解決問題的磨難中，
更容易邂逅這種善意，令我更加喜歡出門旅行。」

and, Russia

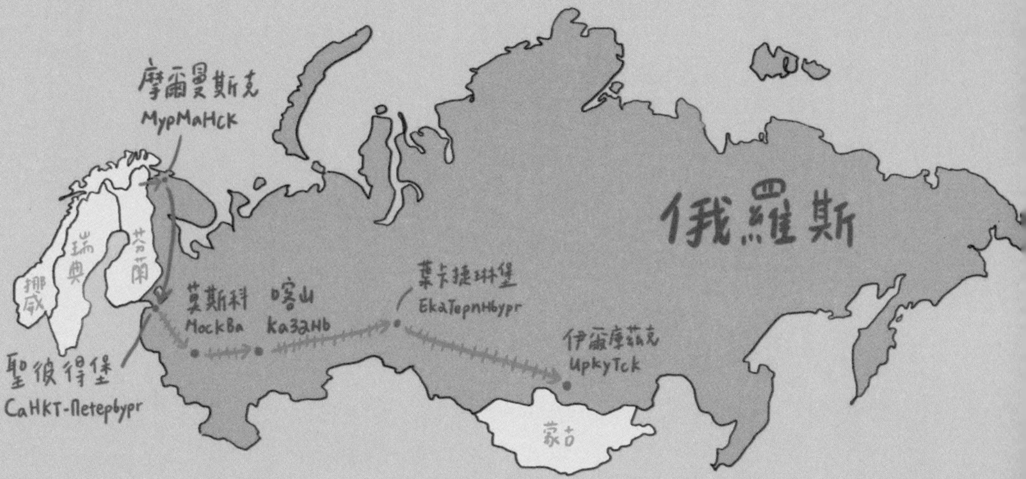

挪威、芬蘭、俄羅斯

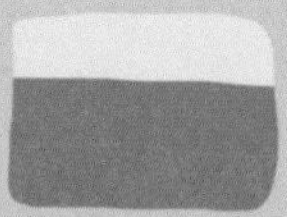

2013. 7/21 - 7/29 - 8/17

Norway, Fi

#穿越芬俄極圈邊境

大抵從二〇〇六年開始萌生穿越旅行的芽，卻每每礙於現實，不得不做出讓步，像是當年希望穿越整個東歐再進入德國到柏林念德文，最後縮減為從波蘭進入德國，二〇〇七年希望地中海歐亞非之旅，最後放棄亞洲的伊斯坦堡，只走了歐洲的希臘和東北非的埃及。而正式進入醫院工作後，假期的長度更加受限，這回我卯足了勁兒，想要穿越看看北極圈裡的邊境，同屬北歐的挪威、瑞典、芬蘭三國基本上邊境感極為薄弱，持有台灣護照可以在歐盟裡自由移走，也無需特地在海關停滯辦理手續。於是從芬蘭北極圈進入俄羅斯，變成了這趟穿越之旅的最大魔王。

當年查遍國內外所有的旅遊指南上，旅遊達人能夠指名的任何世界上各大中英文旅遊網站，都搜尋不出如何從芬蘭極圈進入俄羅斯極圈的交通資訊，我猜測或許只有芬蘭語或俄文網站有，費盡千辛萬苦，地毯式在網路爬文，我找到了一名紐西蘭人的英文部落格，嘮叨碎念卻鉅細靡遺地分享他如何從芬蘭搭乘巴士通過芬俄邊境的過程，我簡直如獲至寶，決定就走這條路線，即便還不確定到時候我到了芬蘭和俄羅斯邊境，是否仍有往來的巴士，但我相信既然有人走過，可行的機會便很高，最糟糕的狀況，頂多這條邊境路線沒有大眾交通，可以改包車前往，或者若是這個邊境海關封閉，只需改訂張機票飛入俄羅斯即可，天無絕人之路，畢竟錢雖非萬能，九千九百九十九能解決問題就足夠了，錢是旅途中遇見困難時最大的後援。

前往俄羅斯的巴士從伊瓦洛（Ivalo）的巴士站出發，伊瓦洛位於伊納里往東車程約一個鐘頭的地方，倘若想直接從芬蘭首都赫爾辛基搭乘國內線飛機直抵極圈看極光，建議直接飛到伊瓦洛機場，這個規模小巧的城鎮，卻是拉普蘭地區通往其他地方的樞紐。

一直到我人已經出發這趟旅程後，我在從挪威卡拉紹克前往芬蘭伊納里途中，人正坐在長途巴士上，看著車窗外後退的景致發呆，一時間一件重要往事的記憶莫名湧現！

七個多月前，正值永夜時期我前來芬蘭的人生第一趟極光旅行時，我正打算從伊瓦洛搭巴士往南離開芬蘭北極圈，因為距離發車時間還有二十分鐘，外頭氣溫零下二十五度，巴士站裡狹窄的空間容納不下太多的候車乘客，計程車司機讓我待在他車上等候，我們閒聊打發時間，同時是為了打發這種幽閉空間裡令人尷尬的沈默。當時司機大叔指著某個方向的暗夜道路說著，「從這邊過去大約五十公里就是俄羅斯了，有巴士可以過去。」這記憶宛如賞了我一巴掌，正在挪威巴士上看著窗外景色半睡半醒的我，突然一陣雞皮疙瘩，然後徹底驚醒。

啊啊啊，半年多前，那位芬蘭司機大叔就曾經跟我說過，從這裡有巴士去俄羅斯的啊！當時的我不以為意，沒料到未來的人生會再來走這個路線，聽聽就忘了，徹底地遺忘，連我在網路上拼命搜尋相關資料的時候，都沒有想起來，然而沈積腦內記憶庫角落的片段，竟在此刻竟突然浮現。

這條路線的巴士，夏季每天下午發車，抵達俄羅斯摩爾曼斯克約晚上八點半，從芬蘭進入俄羅斯時，先在芬蘭海關（Raja-Joosepin border crossing point）蓋離開歐盟的出境章，往前行駛三百公尺後，出現幾棟建築物，那裡即是俄羅斯海關，所幸旅程出發第二天掉了裝護照、手機、信用卡、現金的隨身貼包，最後除了現金四百多歐元，其他包括最重要有俄羅斯簽證的護照撿回來，現在才能順利入關。

海關旁的建築物有加油站與便利商店，簡直是綠洲般的存在，進到商店裡，發現商品標示從一種看不懂的芬蘭文變成另外一種看不懂的俄文，然而想要買東西時真正令人感到焦慮，是身無分文盧布的我，發現商品的標價從熟悉的歐元變成俄羅斯盧布。此趟旅程正式進入語言不通領域展開的狀態，一般俄羅斯旅遊大城莫斯科、聖彼得堡，諳英文的人較多，偏遠極圈的俄羅斯地區相對英文較不通，能夠找到英語溝通的人，需要相當的運氣，儘管我全然能夠理解，這應當和二、三十年前的外國人來台灣旅遊，如果要在鄉下地區遇見能英文對話的台灣人差不多狀況，理解歸理解，這依舊讓獨行進入俄文世界的我感到不安。

從芬蘭伊瓦洛發車開往俄羅斯摩爾曼斯克的九人座小巴，同行車上有法國人、俄羅斯人以及我台灣人，大家一同經歷這兩百四十公里的路程。從公路柏油面的平整程度和路旁兩側林木的狀態，能輕易觀察到明顯的落差，進入俄羅斯的領域，行車一陣子，路旁開始出現一個又一個看似被野火燒過的林地區塊，和挪威芬蘭境內林相維護完好的林地迥異。

經過窗外景色渺無人跡的數個鐘頭，路旁開始零星出現一些房舍，彷彿預告即將進入世界上北極圈內擁有三十萬人口的第一大城摩爾曼斯克。進城前左側映入眼簾的是巨大的工廠煙囪，背後襯著北極海，一條往上爬坡寬敞的柏油路，引領小巴從荒野進入文明。

或許極圈裡真的太過偏僻，長途小巴的司機先生竟詢問乘客們各自的住宿地點，將乘客們一一送至目的地，我原先預期巴士會停在城市內的巴士站讓大夥下車，然後自己想辦法拖著大行李，將自己弄到住宿點去，這是個直到二〇一八年底才有Uber的大城市。我拿出我預定的公寓民宿資料，直接將俄文地址指給司機先生看，後來發現我預定的是藏身在住宅公寓裡的民宿旅館，俄羅斯有許多類似國宅的公寓建築，外觀長相類似，A棟B棟C棟D棟的入口可能不同，連巴士司機都找了好一會兒，才繞到我預訂民宿的入口。對於俄羅斯的好印象，或許是自此開始的，此後的數年我共去了四次俄羅斯，被俄羅斯人幫助的次數遠遠大於遇見態度不佳的俄羅斯人。

當初在網路上預定民宿旅館，衝著女主人能說英文，我聯繫上民宿女主人，首先拜託她帶我到附近能夠跨國提款的銀行，當白花花的盧布鈔票從提款機裡吐出現鈔時，我看見一線生機，當時還是個行動支付尚未興盛、信用卡亦非每個店家皆能使用的時代。領到了俄羅斯盧布現金、詢問了附近最近的超市、要了張地圖，女主人大致告訴我前往港口的路該怎麼走，地圖上哪些是看似有通實際不通的道路，交代熱水器、煮水器、爐子怎麼使用後，便離開，留下我一個人在這偌大三房一廳的蘇維埃風格公寓，開始自己在俄羅斯的大冒險。

隔日白天我打算前往港口參觀列寧號破冰船，走在街上不經意經過一處小公園，戰鬥民族著實超越我的理解，這天是平日週間時段，路邊不起眼的小公園竟有四、五名體格壯碩的鮮肉青年正裸著上身在拉單槓，不外乎「生活不是在健身，就是在健身的路上」的概念。

不諳俄文，在摩爾曼斯克連要問路都顯得困窘，在路上對了幾名路人說，“Excuse me?” 沒有人停下腳步，我鼓起勇氣說出，"Извините"，一位女士真的立刻停下腳步，當然接下來，我只能俄文單詞混英文再加以比手畫腳，表示我想去地圖上的這裡，俄羅斯女士經過一番理解我的意思，亦是熱心地邊講俄語邊比手畫腳地告訴我大致的方向。我想稍早前那些沒有停下腳步的人們，或許只是害怕和外國人講英文吧。

走出世界和其他人相遇碰撞，才會發現一些有趣的巧合。接近港口附近因為有一大區船塢廠區被圍起，生人勿近，因此地圖上有些路實際上無法通行，複雜的程度比民宿女主人事先提醒的還複雜得多，正當我在近港邊的鐵道附近不得其路而行時，用了稍早前同樣的招式，攔下願意停留腳步的俄羅斯人，這回這名白鬍老伯竟然英文可通，更神奇的是，在得知我來自台灣後，他竟開口說中文！他表示他十年前待過中國。

這令我想起，上一回在阿根廷，從南極返回，最後回到首都布宜諾斯艾利斯，某日我在街上，因為好奇而駐足一個路邊販售小手工藝品的地攤，坐在地攤旁皮膚黝黑身形削瘦的老闆，和我攀談，或許是因為身為觀光大城的首府，原本便較國際化，老闆是智利人能說上英文，不會說西文的我，在國外獨行時，舉凡遇見能說英文的人，都感到一陣感謝終於有人能說上幾句話的感覺。意料之外的是，在阿根廷遇見的智利人路邊攤老闆得知我來自台灣時，竟開口用台語和我對話！沒錯，是台語，老闆說他曾經到過台灣，當時已出走南美洲三週，突然遇見能說上台語的人，內心暗自激盪不已。

在摩爾曼斯克待了數日，我前往機場搭國內線飛機，準備離開北極圈飛往聖彼得堡，來到摩爾曼斯克機場，發現光是要進入機場大廳建築內便需要過第一道安檢，於是我到航空櫃檯託運完行李，趁著距離登機時間仍有餘裕時間，打算到機場外頭拍幾張照片，出去進來又得重新過一次安檢。候機時，我留意到我是整棟建築物裡唯一的東方面孔，三不五時我能感受到其他俄羅斯人好奇的眼光，這時我心想如果能和他們用俄文聊上幾句就好了，只可惜當時的我只先學會了能將俄文單字發音念出和幾句基本求生的俄文單詞。

#向遠東穿越西伯利亞

自從抵達聖彼得堡後，在機場便開始看見無數的觀光客，我鬆了半口氣，這意味著售票員、商店店員甚至路人能夠用英文溝通的機會大增，或許也因為我不再是所處環境裡明顯唯一的東方面孔，深怕自己成為被犯罪的目標，出發前有友人好意傳給我亞洲人在俄羅斯地鐵裡遭受光頭黨攻擊的新聞，提醒我要注意安全，不過至此為止，我在俄羅斯偏遠地區遇見的俄人都相當和善，儘管他們看似冷漠，他們確實不像台灣、南歐人般的熱情，亦不會像中東男子般喜愛主動搭訕，但是一旦開口向他們請求幫助，都會熱心幫忙。

聖彼得堡不愧是充滿沙皇帝國文明的大城，華麗壯觀風格的建築在燈光映照下，整座城市從白晝令人目不暇給至深夜，從芬蘭赫爾辛基搭乘郵輪持七十二小時免簽身分的大量觀光客，絡繹不絕。

幾日後，我搭乘高速鐵路前往莫斯科—這趟「獨行」旅程的最終站，終於即將要和旅伴們會合了。

莫斯科的地鐵素負盛名，不少車站空間富麗堂皇至極簡直像皇宮，驚歎地鐵站如此奢華之餘，未料地鐵站那看似深不見底的電扶梯之外，暗藏著玄機—有些交匯轉運的地鐵大站裡，不僅通道複雜且出口眾多，竟然沒有電梯或電扶梯！

我身上背著十來公斤的相機包，手裡拖著二十公斤的行李袋，光是從機場到市區，在好幾個地鐵站裡兜轉，經常遍尋不著電梯，然而有好幾回，正當我在階梯前停下腳步，抬頭看著兩、三層樓高的階梯，深吐一口氣準備扛起行李時，竟然身旁路過的戰鬥民族壯漢，就主動單手一把幫我提起二十公斤的行李袋拿上樓。光從機場到旅館的地鐵轉乘路程中，總共有三個好心人分別幫我各扛了一趟。其中，一個地鐵大站相當複雜，我站在地鐵站的地圖看板前比對著我手裡旅遊書上的地圖時，一位莫斯科大學的學生主動用英文詢問我是否需要幫忙。當時對於俄羅斯人的好感度，持續加分。

隔日，我去機場接了從台灣一路轉機來的大姐姐，晚上Megan與宰嫣也抵達莫斯科入住同一間旅館，終於和旅伴們會合，結束一個人在俄羅斯的大冒險。我們準備搭乘西伯利亞鐵路從莫斯科一路向東，搭幾天的火車，下車玩幾天，再搭幾天的火車，再下車玩幾天。

大多數的旅人會選擇由北京搭火車銜接西伯利亞鐵路往西而去，反骨如我們，倒著從西向東走，順路就好。實際走過才發現，由東向西走或許有它的道理：一路參觀的東正教堂會從樸實版本逐漸越形華麗，直到目睹矗立紅場一隅的聖瓦西里教堂和聖彼得堡的喋血大教堂，簡直達到高點。我們的走法，會目睹華麗的東正教堂建築，漸形返璞歸真。

俄羅斯著實幅員遼闊，整個俄羅斯境內橫跨十一個時區，搭乘西伯利亞鐵路，車票上的發車時間要注意標示的是莫斯科時區的時間，必須注意換算成實際搭車的當地時間，實在讓出生在島國的我大開眼界。不過後來在二〇一八年八月一日後，已全面更改以當地出發和抵達時間為時刻表標註時間。

從莫斯科到伊爾庫茲克的五千餘公里，火車走走停停，需要約莫五天的時間，我們選擇在喀山這個和莫斯科、聖彼得堡並列的大城市，以及充滿戲劇性歷史的俄羅斯第四大城葉卡捷琳堡中停數日。

待在西伯利亞鐵路的火車上，感覺是一個另外自成系統的生態，我們就像搭乘航行在陸上的郵輪，也令我想起「霍爾的移動城堡」，那大概是古今以來最令人欽羨的旅行移動方式了，舒適的房間、習慣的床鋪馬桶、生活用品全跟著移動，能在陸上走、天上飛、能渡海的旅行器，不用自己扛行李上下樓梯，也不必擔心什麼東西忘記帶，亦不需煩惱訂不到住宿晚上沒落腳的地方，完美的存在！

我們一伙人預訂了一等臥鋪車廂，四個人的座位床鋪在同一個包廂，可以選擇預訂餐點，也可以選擇自行事先準備餐點帶上車。甫上車的第一天，掩飾不了自己的興奮感，對於包廂裡的各種設施，車窗如何打開，餐桌如何放下，都研究得津津有味，對於服務人員送來的餐點內容物，也好奇不已。

第二天，我們開始會對著窗外無限輪迴播放的西伯利亞荒野景色發呆，火車駛離城市後，窗外的景致像一幀又一幀的格放粘土動畫，似乎有點類似，卻又不全然相同。我決定去其它車廂探險，意外發現火車上的老司機，我指的是那些顯然搭火車搭到熟門熟路的乘客。

前一日剛上火車時，發現車廂內的充電插座有限，如果沒有事先攜帶多插孔的分流轉接頭，只能和其他人輪流充電，車廂走廊上倒是每隔一段距離便設置有插座，但是如果想在走廊上充電，為了財物安全，充電時得站在走廊上看守著自己的手機或筆電。此時我注意到在長長的車廂走道上，一條延長充電線從其中一間包廂裡延伸出來，我走到延長線連接的插座處，停下腳步，視線沿著延長線往車包廂裡看去，延長線從包廂裡左側的上鋪延伸出來，看到盡頭，正巧跟一名金髮年輕男子四目交接，他似乎受到驚嚇，從慵懶的躺臥姿勢起身，我則是露出尷尬又不失禮貌的微笑，用英文解釋我只是好奇哪來的延長線。年輕人是在喀山唸書的大學生，能用很簡單的英文稍為溝通，他正準備回學校，每回返家或返校都得搭一段西伯利亞鐵路，果然是搭火車的老司機。後來，他也來我們包廂串門子，後來他下車前送給我們一瓶酒精濃度百分之四十的伏特加，我送給他從台灣帶來的鳳梨酥。

像這樣有趣的交流，持續在移動中的西伯利亞火車上流動著，只要有勇氣往其它車廂走去，如果不小心和其他人視線接觸，只需要露出微笑加上一句顯然有詭異口音的俄文，大多數俄羅斯人都會釋出善意的回應。三等車廂裡的臥鋪是大通鋪，如果是喜愛四處交朋友的旅人可以考慮搭乘，缺點倒是由於來往的人過多，仍需注意保護好貴重物品，另外就是看運氣的好壞，看會不會有體味過重或是鼾聲如雷的同車乘客，將決定你在火車上數日的生活品質。

不僅是我們自己，會發現其他國家的旅人或是俄羅斯人，不論大人、小孩，大家都一樣，在火車上待久了，便會在火車走廊上散散步、曬曬太陽，不介意隱私的乘客會將包廂廂門打開，形成了西伯利亞鐵路上特殊情況，乘客們在走廊上走來走去，像是參觀櫥窗一樣，看看這間的外國人在聊天，瞧瞧那間的俄羅斯人在看書。一旦被俄羅斯小朋友發現我們這間包廂裡是黑頭髮黑眼睛的外國人，便會頻繁地前來我們這間門口偵查，極為可愛。

在從葉卡捷琳堡前往伊爾庫茲克的那段火車上，遇見一對俄羅斯小姊弟，姊姊十歲，弟弟八歲，某一次我在走廊上閒晃，經過他們的包廂，因為視線重疊了，只能對他們一家人用蹩腳的俄文打招呼，然後繼續閒晃。沒料到，後來小姊弟跑來我們包廂串門子，不過因為小姊弟不會說英文，這大概是我人生嘗試使用俄文最多的第一次，畢竟當時便宜的手機國際電信卡還不似現今普及，無法隨手靠網路翻譯軟體溝通，當下只能靠自己實力了，我拿出信用卡大小的隨身袖珍型英俄紙本字典，加上少數幾句記得住的俄文，和紙筆畫圖，就這麼聊起來，問問年紀、名字、住俄羅斯的哪裡、喜歡什麼食物之類的，他們還問我們喜不喜歡茶，跑回去他們包廂跟爸媽拿茶包送我們。

這種短暫交會裡建構起的奇妙交流，通常只存在人煙稀少的山徑裡，人們會不自禁地和迎面錯身的山友打招呼，或是駛離岸邊的船舶上，人們會不由自主對著岸上素昧平生的路人奮力揮手。這種看似無意義的行徑，我認為，這卻是身為人類對這個世界其他萬物最原始的善意。我喜歡這種善意，或許因為比起在日常工作生活中，在旅途過程裡解決問題的磨難中，更容易邂逅這種善意，令我更加喜歡出門旅行。

#跨越歐亞板塊交界

隨著火車一路往東前進，當我們來到二〇一三年八月的喀山，此時這座城市正舉辦世界大學運動會，即世人熟知簡稱的世大運。整座城市為了迎接世界各國的青年運動員和遊客，大興整建，市中心的觀光徒步區亦隨處可見警察駐點，儘管十多年前曾經聽聞來過俄羅斯的友人，當街遇見假冒的警察專門找東方觀光客盤查護照，藉機扣押護照、賣入黑市的勾當，此刻街上警察人數之多，想當然爾，不可能是詐騙集團，小觀光客如我們在街上遊蕩倍感安心。

來到喀山，這個位於俄羅斯的「國中國」韃靼斯坦共和國的首府，先來了解韃靼斯坦共和國與俄羅斯的過去。

遠在俄羅斯這個當代世界國土最遼闊的國家，其前身由古代北歐斯堪地納維亞地區的瑞典人祖先諾曼人（Varangian，又譯瓦蘭吉人）留里克（Rulik）率眾東移，公元八五九年於現今俄羅斯西北部的諾夫哥羅得（Novgonod）建城，公元八六二年諾夫哥羅得成為留里克公國王朝的公國首府，這些諾曼人與當地的東斯拉夫人逐漸融合。公元八八二年首府遷往基輔[1]，諾夫哥羅得歸附基輔羅斯（Kyiv Rus），而基輔羅斯即是當年甫胚胎發育中的俄羅斯前身，爾後幾個世紀變遷，歷經公元一一〇八年佛拉迪米爾大公（Vladimir II Monomakh）遷都蘇茲達爾（Suzdal）建立佛拉迪米爾．蘇茲達爾公國，公元一一四七年佛拉迪米爾大公的兒子尤里（Yury Dolgotuky）在莫斯科克里姆林宮現址蓋了一座木造堡壘，為爾後以莫斯科為首府的俄羅斯大公國之濫觴，接下來即是較為人熟知以莫斯科、聖彼得堡為政治文化中心的沙皇帝國歷史。

與此同時，在莫斯科東方八百公里外的土地上，早於胚胎期的莫斯科俄羅斯公國發展起來幾世紀之前，韃靼人在現今韃靼斯坦共和國的伏爾加河流域早已居住並建立自己的邦城。原屬突厥語民族的韃靼人，其祖先保加爾人（Bolgars）原居中亞一帶，後隨匈奴人西遷到黑海以北，七世紀時分化成數支部族，其中一支西遷至多瑙河下游地區，聯合斯拉夫人打敗東羅馬帝國的

1 本書從二〇二〇年新冠疫情爆發後，醫療人員被視作戰備資源管制出國，無法出國後，筆者開始動手整理過去將近二十年的龐大國外自助旅行的資料，執筆至此篇章，恰巧時為二〇二二年二月，正值烏俄戰爭爆發，被戰火摧殘的現今烏克蘭首都基輔，正是歷史上俄羅斯大公國的前身基輔羅斯的首都。

軍隊，建立保加利亞汗國，爾後被當地的斯拉夫人同化，成為基督徒，即為現今保加利亞的前身。而另外一支保加爾人北上伏爾加河流上游、卡馬河流域，稱伏爾加．保加爾人（The Volga Bolgars），即是現在韃靼斯坦共和國韃靼族人的祖先，七世紀便建立了保加爾汗國，十世紀公元九二二年伊斯蘭教哈里發差派使者前往保加爾汗國，自此保加爾汗國將伊斯蘭教定為國教。

十三世紀初成吉思汗的蒙古大軍開始西征，公元一二三六年喀山被成吉思汗的孫子拔都第二次蒙古西征攻破，接下來將近兩百年保加爾汗國爾後被金帳汗國（Golden Horse，又譯欽察汗國）統治，蒙古人和伏爾加保加爾人等突厥語民族融合，遂形成韃靼族。

兩百年來，金帳汗國內鬨不已，公元一四三八年，韃靼貴族兀魯．穆罕默德在伏爾加河中游建立了一個富庶的封建國家─喀山汗國。而此時西方的胚胎莫斯科公國經歷數百年已發展成強盛的國家，喀山汗國建國後的百年開始與莫斯科公國戰爭不斷，最後於公元一五五二年歷史上著名的恐怖伊凡四世大帝率十五萬大軍殲滅喀山汗國，終併入俄羅斯帝國的版圖。

來到喀山，這座被列為俄羅斯三大歷史名城的城市，每位旅人皆會前去參觀被列入世界文化遺址的喀山克里姆林宮，看見白牆圍起宮殿區域，同時坐落著醒目的洋蔥頭東正教教堂鐘樓和拔尖宣禮塔的清真寺，讚歎俄羅斯人與韃靼人、東正教與伊斯蘭教文化融合並存的同時，回首歷史，不論是一二三六年拔都的蒙古軍撻伐，抑或一五五二年伊凡四世的俄羅斯大軍殺戮，轟毀絕大部分的清真古寺，這些所謂融合，終究是一雙巨人之手將人命暴力地捏碎壓榨成血肉泥漿，再重新塑形出一個令當權者滿意的子民形象。

繼續東向前進西伯利亞，我們來到這個亞歐大陸板塊交界所在地的葉卡捷琳堡，而事實上葉卡捷琳堡更為人所知的是末代沙皇尼古拉二世一家人被行刑滅門之處，因為最初沒有發現沙皇最小女兒安娜塔西亞的遺體，將近一整個世紀，四處頻傳安娜公主仍舊存活的謠言，也一直出現誑稱自己便是安娜公主的女子。

二十世紀初，俄國經歷了一九〇五年對和平示威民眾開槍「血腥星期日」事件的俄國革命，以及同年吞下了近代史上首次白種人戰輸黃種人的俄日戰爭敗仗。而到一九一七年的二月革命，末代俄羅斯沙皇尼古拉二世退位流亡，臨時政府成立，同年四月流亡瑞士的列寧返回俄國，社會民族工黨激進的布爾什維克派，一九一七年十月發起十月革命，成立蘇維埃政權，並下令抓捕沙皇一家人囚禁在葉卡捷琳堡，一九一八年七月十七日的清晨，沙皇、皇后與四名公主、一名王子、御醫、廚師、男僕、女僕共十一人，被帶至囚禁的宅所地下室，用槍掃射處決。無辜的公主們和未成年的王子，只因是羅曼諾夫皇室的僅存血脈，活著便是對新政府的威脅，他們身上流的血液代表起義軍眼中名正言順的繼承者，正因如此，對新政府而言是必須根除的對象。

當年那個用槍掃射沙皇一家人的宅邸，早已被拆除，後來其上蓋了一幢木造禮拜堂，再後來旁邊蓋起了一棟富麗堂皇的教堂。我們還去葉卡捷琳堡郊區一處紀念處，這裡是沙皇一家被行刑後棄屍之處，起初被拋棄在一處鑿井，後來棄屍者後悔又將屍體運出，企圖尋找更深的礦井棄屍，未料車子陷入附近的泥沼地，最後隨處挖了坑，用硫酸毀屍後再埋坑以土覆蓋，他們的遺骸就如此被藏了一甲子，一九七九年一名地質學家發掘近三百片人骨碎片，重組為九具人類遺骸，一九九一年才得以DNA鑑定確認是被殺戮的沙皇、皇后、三位公主與四名家僕，而一直到二〇〇七年於另外一處發現一少年和一青少女骨骸，最後證實為將近九十年來，人們一直寄望最後的皇室血脈安娜塔西亞公主，能夠死裡逃生存活下來，然而，在她遺體被挖掘出土的那一刻，卻同時將這喧鬧得沸沸揚揚將近一世紀的真假公主流言蜚語，永遠地埋葬起來。

進入紀念園區，穿著短褲短裙的參觀者，必須圍上入口處提供的裙布遮蓋，一間小教堂就蓋在當初埋葬處之上，必須走上幾層階梯，才能進入這簡素的綠頂木造建築，外頭陽光燦爛，花圃裡的花欣欣向榮地綻放，木屋內瀰漫著令人近乎窒息地時間靜止感，我無法久留，很快地到外頭呼吸，感受此刻自由的、活著的呼吸。

西伯利亞鐵路中停葉卡捷琳堡，除了關於末代沙皇的各種遺址之外，另外一個代表性的景點便是歐亞大陸板塊的交界處，像這樣的地標能夠滿足旅人，一腳踩在歐洲板塊、一腳踩在亞洲板塊的願望，尤其需要穿越廣闊的西伯利亞大地來到此境，足以填補旅人心中夢想壯遊的浪漫。

#貝加爾湖之夏

西伯利亞鐵路的旅程繼續向東，來到伊爾庫茲克，前來此處的旅人多半是為了前往世界上最大的淡水湖貝加爾湖，南北六百餘公里的湖泊，在交通、通訊、衛星定位不發達的古代人眼中，遼闊如海，這裡即是蘇武牧羊的北海。

儘管貝加爾湖多以冬季冰封的景色聞名，我與它的第一次邂逅，卻是一年之中水溫最高的八月中旬，此時水溫約莫攝氏十六度，沁涼到讓我只敢泡泡腳，不敢入水游泳。涼爽的風拂過湖面而來，有種面對大海的寬心，迎面的風不帶鹹味，少了惱人的黏膩。

我們住宿在湖周眾多的村莊之一，倘若從伊爾庫茲克被矇著眼，直到貝加爾湖周的村莊再睜眼，著實難以相信自己仍置身在俄羅斯。這裡街上多為木造平房或兩層樓的建築，窗櫺和門扉繪有極具特色的幾何圖案裝飾，多數的道路沒有柏油路，下雨過後，馬路地上積著一窪又一窪的泥坑，馬路的使用者，除了汽車、行人，還有不少狗、雞與牛隻，如果正巧遇上踩過泥坑的牛隻，記得自行閃避讓路，這裡的牛隻似乎挺愛四處串門子。

民宿裡的熱水是使用鍋爐燒柴加熱的，清早起床後洗漱的用水，是民宿老闆打水裝桶放在戶外的洗手台上，清晨十二度的室外，再用同溫的水洗臉，瞬間把臉洗到精神一下子全清醒了。待在這裡的大多數時候，我們有通英文的當地導遊當翻譯，這裡不像大城市裡較容易找到能說上幾句英文溝通的人，倒是當地開紀念品店的老闆好些都能說上中文，可見來自中國的遊客之多，有些餐廳的菜單會附上圖片，有些則是加註了英文說明，但是大多數餐廳服務生都無法說上英文，很快地，我們習慣了當地的菜色，點牛肉羅宋湯、餃子、歐姆魚[2]不成問題。

---

2 歐姆魚，貝加爾白鮭的俗稱，貝加爾湖的特有種白鮭，體長平均約三十六～三十八公分，重約平均六百～八百公克，肉質鮮美，為貝加爾湖當地特產料理食材。

有一回傍晚已入夜，在昏暗的街道上，和幾位當地人擦身而過，對方向我們打招呼，我禮貌性地回了他們一句晚安“Добрый вечер”，接著聽見對方傳來一陣笑聲，大概是光線不足的情況下，他們原本未發現我們是外國人，而我的俄文發音隨即漏了餡。只有像這樣純樸的小地方，走在街上才會和陌生人彼此打招呼吧。

在這裡，我和大姐姐因為假期不夠長，必須和Megen母女分道揚鑣，她們將繼續一路東去，真正完整地橫跨西伯利亞直到海參崴，再想辦法從中俄邊境進入中國。我和大姐姐直接從伊爾庫茲克經北京轉機飛回台灣，未能將整個西伯利亞鐵路搭完，說可惜卻倒也不遺憾，而且，我相信，我一定會再回到貝加爾湖。

跨國巴士從芬蘭伊瓦洛進入俄羅斯邊境海關，路邊即可見肌肉壯碩的戰鬥民族壯漢身影。

巴士駛進俄羅斯境內，可以明顯感受到路面狀況和兩旁的樹林地貌不同。

摩爾曼斯克街景，建築物牆上是摩爾曼斯克的州徽。

摩爾曼斯克機場內部，俄羅斯國內機場，進入機場前就必須先經過安檢才能進入。

在莫斯科一個改造各式腳踏車的園遊會，接受俄羅斯媒體的採訪。

凌晨十二點的聖彼得堡夜景。

莫斯科紅場上著名的聖瓦西里主教堂。

一對俄羅斯小姊弟，姊姊十歲，弟弟八歲，跑來我們包廂串門子，不過因為小姊弟不會說英文，當時國際網路卡還不是那麼地便宜流通，只能靠自己的俄文能力，這大概是我人生嘗試使用俄文最多的時刻。

開始了我們從莫斯科出發的西伯利亞鐵路之旅，或坐或躺在車廂的包廂房間裡，看著西伯利亞一望無際的遼闊風光。

待在火車上漫長的時光，乘客們會到處閒晃串門子，十八歲的俄羅斯大學生剛結束暑假正準備從莫斯科回位於喀山的學校，必須搭三天三夜的火車。

亞歐大陸板塊交界所在地的葉卡捷琳堡。

遼闊如海的貝加爾湖，吹來的湖風清爽不黏膩。

進入葉卡捷琳堡末代沙皇尼古拉二世紀念處，必須要圍上頭巾，穿著短褲、短裙者必須圍上長裙，入口處有提供長裙與頭巾。

位於葉卡捷琳堡，末代沙皇尼古拉二世一家人被行刑滅門之處，如今豎立起紀念雕像。

當地居民兜售貝加爾湖的歐姆魚乾。

我們留宿在貝加爾湖畔小鎮李斯特夫揚卡的民宿，主人家中有三個活潑好動的金髮孩童，開心地在自家庭院中玩耍。

夏季的貝加爾湖周健行。

東正教教堂裡巧遇當地結婚儀式。

14 二〇一四年三月
智利、玻利維亞

第一次偷渡的自助旅行

「吉普車出發前，
智利旅行社老闆站在吉普車窗外再三囑咐我，
千萬要隱瞞我偷渡的身分，小心行事。
曠野上的寒風，掠過老闆散亂的頭髮，那幅光景，
使我腦中浮現『風蕭蕭兮易水寒』的題字。」

Chile, Bolivia

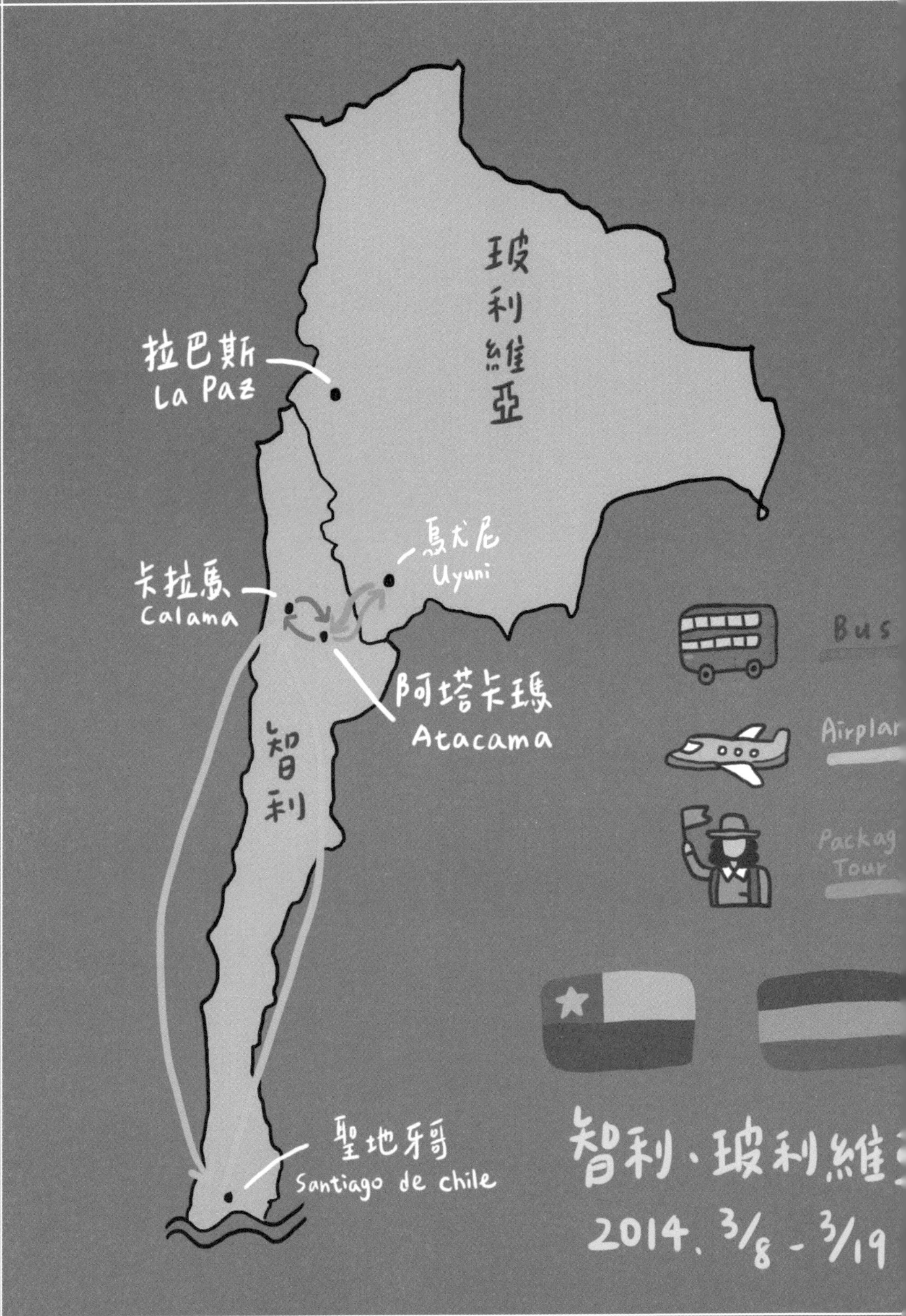
玻利維亞
拉巴斯
La Paz
烏尤尼
Uyuni
卡拉馬
Calama
阿塔卡瑪
Atacama
智利
聖地牙哥
Santiago de chile
Bus
智利、玻利維
2014.3/8-3/19

#天空之鏡的執念

二〇一〇年底，我出發了人生第一趟南美之行，順道去了南極，在南美的青年旅館遇見其他的旅行者，會發現像自己這樣只來一個月的獨行背包客，簡直是稀有動物，其他多數的背包客無論是來自香港、日本等亞洲國家還是澳洲、德國等歐美國家，亦或是南美洲其他國家的旅行者，幾乎都是動輒三、四個月起跳的旅行時間，半年、一年竟是家常便飯，好生羨慕。

到了南美洲，一次偶然從其他背包客口中得知了玻利維亞的烏尤尼天空之鏡，爾後返台，在發現頻道（Discovery Channel）看見了天空之鏡的介紹影片，當那浮雲倒映在腳邊的水天一色映入眼簾，腦中即刻浮現動畫航海王裡的空島，「二維世界裡的空島竟然真實存在這個世界上！」這般震撼直擊腦門，令我悸動不已，「我想去那裡，我要去空島！」的執念，自此萌生。

研究了一番，烏尤尼鹽原（Salar de Uyuni）在玻利維亞境內，二〇〇六年玻國首位美洲原住民總統莫拉萊斯上任，由於一中政策，被視為屬中的台灣，申請辦理玻國簽證，需要經由北京辦事處申請，然而過程與手續極為繁複，且申請通過率不高。另外的辦法，則是從南美洲周邊國家的玻利維亞外交領事館直接申請，碰碰運氣，當年網路上流傳著最有機會發簽證的簽證官，在秘魯普諾（Puno）的辦事處，不過傳聞實際拿得到簽證的人依舊屈指可數。

二〇一三年十月，憑藉著對「前往空島」的執念，我揪了旅伴Alice一同前往南美洲企圖闖關，從秘魯前往玻利維亞的邊境海關，沒有正式的簽證，果然無法通行，原本冀望用「美鈔簽證」同樣失敗，一日之內，我們連續嘗試了兩個不同的海關，鎩羽而歸。離開邊境海關後，我們前往普諾，不死心地希望前往傳說中「有可能」發簽證的玻利維亞外交辦事處，未料碰上當地節日公休，我估算剩下能停留在南美洲的時間，待簽證處休假結束後再行辦理簽證，已來不及前往遙遠的烏尤尼鹽原，最後只好改往作為備案的秘魯馬丘比丘。

儘管馬丘比丘是許多旅人的旅行夢想清單，對我而言，卻竟永遠是那個「啊啊啊去不了烏尤尼」沒魚蝦也好的替代品。儘管馬丘比丘古城實屬那古老時代城市供水渠道設計高度發展的工藝極致，天文太陽曆、日晷、建築各方面令人驚歎，對於體內住著其一人格為動漫魂的我，馬丘比丘是動漫航海王裡空島黃金鄉的發想原型地，這一點更令我迷醉，然而，無法走進夢想中那個「能漫步在雲朵之上的空島」畫面裡，依舊感到無比遺憾。

每每有什麼事情無法達成的遺憾，卻也都是上天賜與我的禮物，反骨如我，向來嚐試一次完成不了，那就再試二次，所謂的憾，心之所感，往往給予我更強烈的動機去完成。闖關失敗的五個月後，我上網研究一番，儘管海關大門過不了，赫然發現，實際上存在另外一條通往玻利維亞的後巷─背包客棧裡有前輩偷渡進出烏尤尼成功！

回首當年前往天空之鏡執念之強烈，令我義無反顧地鋌而走險，然而倘若時空背景再重來一次，我想我仍然會選擇偷渡，並非鼓勵偷渡行為，畢竟每個旅人必須為自身的行為負責。我犯罪偷渡的目的是前往心中夢想的空島，過程不會傷害其他人，亦不想侵犯到其他人的利益，當年的我決定承擔偷渡被捕的風險，毅然決然踏上旅程。

誰料四個月後簽證政策說改就改，歷經長達八年對台發簽極為嚴格的玻利維亞海關大門，無預警敞開，台灣人開始有機會申辦成功獲玻利維亞簽證，如同當初沒有人能預言，某一天世界會突然被新冠病毒所肆虐而停擺運作兩年。

#極度乾燥之最—阿塔卡馬沙漠

偷渡行程的出發地位於阿塔卡馬小鎮（Atacama），阿塔卡馬高原沙漠曾是傳說中地球上最乾燥的地方，四百年未下雨，更甚撒哈拉沙漠，有趣的是，世界上永遠無所謂絕對的事情，當時任誰也猜不到爾後的二〇一五年，阿塔卡馬沙漠迎來了四百年後的第一場雨。

前來阿塔卡馬，從台北、香港、北美中轉到智利首都聖地牙哥，再轉國內線到智利國境之北的卡拉瑪（Calama）機場，從出門到累癱在卡拉瑪的旅館床鋪上，一路被吞噬了四十個鐘頭的生命，強烈的疲倦感令我直接附著在床鋪上十幾個小時，隔日一早清醒後，無痛調整好時差。若是體力更好的旅人，可考慮選擇從卡拉瑪機場搭乘直達阿塔卡馬的接駁巴士，跳過卡拉瑪這個曾經隸屬玻利維亞、以開採銅礦為主的工業市鎮，根據玻利維亞的歷史，玻國在輝煌的年代曾經擁有海岸線，然而，太平洋戰爭後，玻利維亞的海岸線為智利佔據，自此被封印在南美洲高土之上的內陸，而智利替玻利維亞築了一條鐵路，連接玻國首都拉帕斯和智利海岸線上的港口作為補償。

一覺醒來身體時差正巧更新成南美洲的作息時間，我精神飽滿地前往阿塔卡瑪，準備執行遠道而來的任務—找到提供「無簽證方案」服務前往玻利維亞的旅行團。主要街道不出十條的阿塔卡馬，當時小小街區竟簇擁著多達四十八家旅行社，更甚旅館和餐廳的數量，附近不僅有世界上最乾燥的景點月亮谷、間歇泉、高山鹽湖，這裡更是通往玻利維亞烏尤尼鹽原的便道之一。

我尋線找到網路上流傳的那家旅行社，直接向櫃台前能通英文的年輕男子表明我台灣人的身分，他撥了通電話請示老板，未半晌，告知我可以參加特定某日出發四天三夜往返烏尤尼的行程。

隔日清晨我起了個大早，天未亮的三點五十分，睡眼惺忪地洗漱，這日報名了塔堤歐間歇泉（El Tatio Geysers）的參觀行程，間歇泉在清晨時分最為活躍，為了能趕上間歇泉日出景致，接駁車四點半準時出現在旅館門口，一路上同車兩名智利女牙醫，一直想跟我練習說英文，約莫七點抵達間歇泉，儘管這個季節是南美洲的夏末初秋，身處海拔四千三百公尺，氣溫仍低，日出時分溫度教人直打哆嗦。溫泉區其中最大的一個間歇泉，在晨光映射下，霧氣裡產生神仙光暈，我意外發現無論在鏡頭底下或是自己的視線中，頭部後方映照著一圈彩色光圈，不管移動到哪裡，那圈光環總是跟在自己頭上，簡直像極了過去在廟宇壁龕上所見神明才擁有的光環，俄羅斯東正教堂壁畫上所見的聖者畫像也有的天使光環標配，一股使人錯覺已然上天堂的迷幻籠罩，興味正濃，我興奮地忽快忽慢左右移動，一個人獨自玩耍了起來。

行程包含在間歇泉區野餐的早餐，眾旅行團各使渾身解數，紛紛在自家九人座小巴士旁擺起行動小桌，提供熱茶、熱咖啡和三明治、餅乾，寒風中曬著初升的暖陽，看著噴發的泉水與霧氣，起起落落，啜飲著熱咖啡，別有一番風味。

阿塔卡馬西的南邊十五公里另有月亮谷，則是適合黃昏時分前來，日落西下，晚霞光芒將蜷伏地表的乾燥岩土渲染成一片橙紅，旅行團的導遊或許是天天前來到煩膩，挺著啤酒肚的他，引導參加旅行團的旅人，表示從哪裡可以往上爬到視野良好的岩坡頂後，便待在底下等候遊客們觀賞完日落，而來自世界各國的遊客們，邊喘著氣在這海拔四千餘公尺的地方興奮地爬坡，各自找尋著適合拍照的位置。隨著太陽逐漸沈落地平線，天幕不斷變換色澤，儘管在地球上的許多角落觀賞過日落，每一回合總是會有不同的感動，金光籠罩站立在岩頂的旅人，光芒近乎吞噬旅人的剪影，腦中湧起新疆魔鬼城丹霞與撒哈拉沙漠的記憶，一時間感受到，那個被金色光束吞噬的人影彷佛能夠穿越時空。

#媽，我真的在偷渡！

這天一清早，前往玻利維亞旅行團的小巴前來住宿的旅館接駁。我是第一個被接上車的客人，天未亮，摸黑把行李扛上吉普車，更加有種正在做「不能明講的事」的氣氛。第二位上車的

2014-03-10（一）卡拉瑪 Calama→阿塔卡馬 Atacama

眾多的旅行社當中，至少有兩家提供台灣、香港、大陸人前往Uyuni行程的旅行團，第一間是P家，老闆就是從Atacama開車載遊客到玻利維亞邊境關口的司機，他和玻利維亞邊境的一名警察是好朋友。第二間我沒有去問，原因就如背包客棧一文中所言，這種違法的事情，還是找熟門熟路的比較保險，另外在我去之前的前兩個禮拜，另外一家旅行社出事，有對岸的同胞參加偷渡團結果逕自脫團被抓，所以我直接到P家旅行社，開宗明義地說我是持台灣護照，我想參加去玻利維亞鹽原的行程。

櫃檯一名會講英文的年輕男生，先打電話問老闆，再跟我說可以，但是希望我進到玻利維亞之後，如果當地旅館老闆詢問，記得說自己是日本人之類的（事後發現當地旅館老闆根本不會問這些）。老闆本身人很熱情，但是不太會講英文。

旅行團團費Ch 110,000（約NT6600元），之前背包客棧發文說可以殺價有機會殺到Ch100,000元，我沒有殺價，想說都偷渡了，可以平安進出就很好了。尤其這次出門時在香港轉機，排隊登機時，聽見排在前面的外國人在討論突然消失的馬航班機MH370，想想每一趟旅行能夠完成目標又平安返家，似乎都是件相當值得慶賀的成就。

是一名獨行的東方面孔男子，開口一聊是來自日本的攝影師Ikuo，在接駁到第三、四組成員上車之前，話題已直擊最機密的部分。

或許是因為一見如故，我坦白地告訴他，這趟旅程我打算持台灣護照無簽證偷渡進入玻利維亞，沒想到Ikuo竟然告訴我二十年前他曾經從尼泊爾偷渡進入西藏的經歷，九〇年代的西藏尚未對其他國家開放觀光，他描述當年他身上披著斗篷罩袍，和其他喇嘛一同蜷伏在大卡車的後座，搖搖晃晃一路穿越喜馬拉雅山脈，偷渡進入西藏，當時他從頭到尾保持沈默，因為不諳中文的他，倘若被問話，大抵就破功了。正在偷渡當下的我，聽著偷渡進西藏更加驚悚的真人真事，在那個年代偷渡西藏倘若被抓，或許並非僅是被遣返了事，甚至可能直接被槍斃似乎都不令人意外。出發前往烏尤尼剛啓程，我既興奮亦緊張不已，卻同時因為剛出發便有知情人士能一路幫助我，而感到心安。

車子接駁了第三組成員是一對智利情侶，工程師與女醫學生的組合，第四組成員是一對來自巴西說葡萄牙語的閨密好友，Ikuo和其他人之間能用西班牙語溝通，智利工程師和巴西閨密能和我用很簡單的英文溝通，反倒是智利的女醫學生幾乎無法說英文，因為他們是用西文的教科書上課，而美籍日裔的Ikuo成了我和其他人溝通最大的橋梁，幸運如我，在旅途上遇見這樣的同行旅人，感激得近乎要痛哭流涕了。

接齊了這趟行程的所有成員，老闆先領大家前往阿塔卡馬的智利移民局辦理離境手續，神奇的是，我辦理了智利的離境，移民局並不會確認這本護照是否需要玻利維亞的簽證，當初在台灣申請智利簽證的時候，我便預先申辦了能夠多次出入境的多次智利簽證。

上午八點半左右，抵達海拔四千五百公尺的玻利維亞邊境關口，或許是因為這個梯次有我參加的關係，旅行社老闆本人跟著前來邊境關口，他下車去幫大家拿玻利維亞的入境綠單，老闆表示我不用拿，可以待在車上，或是下車隨意晃晃，這天即使外頭是大太陽，高海拔的此處車外風大，氣溫僅個位數字而已，冷透了。等待大家都填好單子，排隊進去邊境關口辦理好入境，老闆已經擺好野餐桌準備好早餐，大家在此用早餐。我則是將準備好的一百美金鈔票，在擺設野餐桌的另外一側小巴士後面，和老闆很有默契地私下遞給他，便走回餐桌拿杯咖啡，故作若無其事地四處閒晃，遠遠地觀察，老闆伺機將他的玻國邊境海關朋友找來小巴士後頭，將這「美金簽證」遞交給他。

等大家用完早餐之後，把行李從老闆小巴的車頂上卸下，移到另外一輛四輪傳動加上司機七人座的吉普車上，司機是玻利維亞人，旅行團最多一團是六個遊客，據說有些旅行社會為了增加利潤，一輛車塞七名遊客，那實在過於擁擠，待在吉普車上的時間佔據大半的旅程，那將會痛苦不堪。

吉普車出發前，智利旅行社老闆站在吉普車窗外再三囑咐我，千萬要隱瞞我偷渡的身分，小心行事。曠野上的寒風，掠過老闆散亂的頭髮，那幅光景，使我腦中浮現「風蕭蕭兮易水寒」的題字。

看著手機裡的世界迷霧軟體，自己的衛星定位移動在玻利維亞的國土上，興奮不已，終於進入這塊當年台灣人努力了許久都難以抵達的土地上。

真正的挑戰卻在旅程出發時才正式開始。

第一天入境玻利維亞後，便一路驅車往北，一整天無論移動到哪，皆處在高於玉山的海拔四千公尺，尤其第一天的下午便會經過整趟行程的最高處—海拔四千九百公尺的間歇泉，高山症讓我終日為惱人的頭痛所苦。吉普車出發沒多久，經過一處，從車窗望出，能看見不遠處的山間陣列著巨型的白色物體，司機先生用西文向大家說明那是阿塔卡馬的天文望遠鏡天文台（Atacama Large Millimeter/submillimeter Array），縮寫為ALMA[1]，Ikuo幫我翻譯成英文說明，還順道提了前幾日他本人有去ALMA參觀，因為ALMA研究站位於海拔五千公尺，需要半年前事先提出申請，審核還包括健康狀態檢查等等，好不羨慕能夠有這樣的機會參觀這個地球之眼。

進入玻利維亞，沿途經過幾座高山鹽湖，白湖、綠湖、紅湖，不同的礦物質造就各色的天然湖色，即使陽光普照，鹽湖邊緣的湖水被零下的風吹凍，形成美麗的天然漩渦圖騰。

抵達紅鶴保育區（Reserva Nacional Defauna Andina Eduardo Avaroa），遊客下車各自進去入口處辦公室，填寫資料和繳納一百五十元玻幣（約合台幣九百元），這裡填寫的資料包括國籍和護照號碼等。我很猶豫是否要填寫台灣，還是繼續假裝填日本，又考量到我前面一位填寫者Ikuo是日本人，若是寫日本但護照號碼的編碼長得完全不同，倒顯得奇怪，儘管自己內心小劇場百般掙扎拉扯，幾番考量後，最後還是決定老實地填寫台灣，最後發現保育區入口處的人員，並沒有要求核對護照，順利過關。

紅湖這裡有數量龐大的紅鶴聚落，粉紅色的高原鹽湖在傍晚陽光照射下閃耀，難以想像自然界裡存在此般粉紅的遼闊空間，刻板印象中，粉紅色既人工又矯揉造作，此刻眼前的夢幻粉紅渾然天成，覓食的紅鶴群或踱步於白鹽淺灘上，或單腳獨立在粉紅湖水裡，和非洲肯亞的紅鶴保育區又是迴異的情調。遠處背景裡時不時出現的羊駝，更是沈默道盡此處時空的獨特。

#觸手可及的天空之鏡

結束一整日漫長又驚豔不斷的旅途，晚間抵達民宿用晚餐與休息，我們停泊的第一晚民宿旅館，提供六人一室的大通鋪房間，沒有提供盥洗用的熱水，在這海拔四千三百公尺的高原荒野中，舉凡能有落腳之處已感到難能可貴，尤其入夜後溫度極低，室內溫度不會超過攝氏十度，所幸事先特地準備的暖暖包派上用場，否則正常情況下在南美的酷熱夏天旅行時，不會想攜帶。旅館供電只有晚上七點之後，手機、相機要充電的插座，都只有在外面公共區域有插座和分流延長線可以使用。**熱水、充電、沖水馬桶，那些我們早習以為常的東西，與「和平」、「溫飽」、「自由」一樣，當無法唾手可得的時刻，才意識到這些皆是得來不易。**

1 ALMA（Atacama Large Millimeter/submillimeter Array），正確翻譯應為阿塔卡馬大型毫米及次毫米波陣列，由於阿塔卡馬位於高海拔以及氣候極度乾燥的兩項優勢條件而建造於此，利用相距介於一百五十公尺到十六公里的六十六座望遠鏡天線塔台，協同運作，將個別天線收集的宇宙輻射訊號，聚焦到接收機透過超級計算機處理來自宇宙外太空的訊號。

整晚所有人都出現或輕或重的高山症症狀，噁心、頭痛、流鼻水、呼吸困難、胸悶等，晚餐時刻的大合照，眾人的表情看上去顯得憔悴。幾次高海拔的旅行，我清楚明白自己有易高山症體質，儘管我事先服用高山症的預防藥物，仍舊逃不過頭痛和胸悶的煎熬。

隔日白天繼續往北探索更多的高山鹽湖，傍晚時分終於抵達位於烏尤泥鹽原邊緣的鹽磚旅館。鹽磚旅館的牆壁、桌椅、床鋪都是鹽磚堆砌成的，就連天花板的燈飾都是鹽的結晶裝飾而成，令人有股衝動想舔一口牆壁看看是真是假。此時約莫七點半日落天黑，晚餐前，我走到鹽磚旅館前眺望前方無際的黑夜，心裡想著，眼前這一片便是朝思暮想的烏尤尼鹽原，終於走到這一步。

晚餐前後大夥輪流洗熱水澡，需額外付十元玻幣（約台幣六十元），從未像這樣感到六十塊錢台幣花得如此值得。鹽磚旅館所在海拔三千七百公尺左右，夜晚房間內算溫暖，室內溫度介於約莫十五度到二十度之間，比起第一晚溫暖許多，加上身體開始適應，大夥的高山症症狀都減緩許多。

第三日清晨五點半，出發到鹽原上看日出，Ikuo幫我翻譯，再三拜託玻利維亞籍的司機先生，盡可能在這雨季末找到還有水面的鹽原區域，此時剛進入旱季，天空之鏡可遇不可求，然而，我們真的找到傳說中的天空之鏡！海拔三千四百公尺的鹽原清晨，氣溫攝氏兩度，寒意十足，為了追求自以為的美感，硬是換裝穿上短洋裝和涼鞋拍照，尤其腳踩進攝氏兩度的水裡，撐不過半個小時，雙腳腳踝以下全凍成紅色，我趕緊換穿回靴子。隨著日漸升起，天空之鏡天空與倒影的光影變化令人醉心。

烏尤尼鹽原上，有一座被稱為魚島的孤島，在遠古時代這座位於鹽湖中的山被日積月累的鹽所填埋，如今僅露出幾百公尺的高度，上頭遍布著仙人掌，當地原住民奉之為聖地，一望無際的六角結晶白色大地，底下蘊含地球上佔百分之五十的鋰鹽，似乎能夠想像未來千百年後這裡成為南美洲杜拜的光景。

繼續來到鹽礦博物館，這裡便是大家所熟悉那個烏尤尼鹽原上插滿各國國旗的地方。出發前一個月，我才看見臉書上朋友的朋友在這裡拿著台灣國旗打卡的照片，不過實際上來到此地，赫然發現現場並沒有台灣的國旗！或許是影中人攜帶國旗拍完並沒有留下，也或許是傳說有「其他某國家」的人會刻意破壞拿走台灣的國旗，我當下懊悔自己沒有帶一面台灣國旗來掛[2]。與其稱之博物館，進去參觀是五個特殊造型的鹽礦雕刻，入門費是「To visit the museum, you need to buy something」，只要有任何消費即可，我買了五張明信片，也是人生中寄過上千張的明信片裡，僅有的五張來自玻利維亞的明信片。

從阿塔卡馬出發四天三夜的行程，實際上的遊覽行程僅前面二又三分之二天，第三天下午

2 後記，二〇一四年五月，我當初前往烏尤尼鹽礦博物館後的兩個月，請託友人幫忙攜帶一面台灣國旗前往此處掛上，詳細故事參閱羅的好著作的《天空之境》一書。

行程在烏尤尼鎮結束，原來其他成員都是直接在烏尤尼鎮解散，繼續往玻利維亞其他地方繼續旅行，包括Ikuo也是，只有我一個人是要返回阿塔卡馬。由於參加原路返回智利行程的旅人較少，我和參加另外一個旅行社的瑞士男子和匈牙利男子，併團返回阿塔卡馬，後面的一又三分之一天皆在瘋狂驅車趕路返回智利。那是一段奇幻的旅程，每每進到民宿旅館時，總擔心沒有簽證的身分暴露，和來自不同國籍的旅行者，分享著各種生活經驗和感受，一同感受當下的震撼與感動。

第四日清晨八點初返回玻利維亞邊境關口，玻利維亞的移民局八點半才開，所以需要辦手續的人們要稍候。過五分鐘，我遠遠就看見P家旅行社老闆開著小巴到了，熱情地遠遠就揮手對我大喊。

一樣，在這裡等下一團的人填單子；
一樣，辦手續、吃早餐；
一樣，搬行李上另一輛吉普車，然後接走回阿塔卡馬的旅客上車。
一樣，邊境關口這裡吹拂著超狂的風；
一樣，氣溫約莫零度上下，超冷。

我順利回來了，內心的感受，卻不一樣了。

阿塔卡馬高原沙漠是地球上最乾燥的地方，地勢高海拔加上極度乾燥的氣候，成為地球上數一數二適合觀星的地點。

位在高原沙漠地區的阿塔卡馬，偏僻荒遠，卻是個觀光業興盛蓬勃的小鎮。

晨光的映射下，間歇泉霧氣裡產生神仙般的光暈，我意外發現無論在鏡頭底下或是自己的視線中，頭部後方映照著一圈彩色光圈，不管移動到哪裡，那圈光環總是跟在自己頭上，簡直像極了過去在廟宇壁龕上所見神明才擁有的光環。

坐落在智利與玻利維亞邊境海拔四千公尺以上的傳統教堂。

抵達月亮谷，遊客們徒步登上岩坵頂觀賞日落。

遊客們排隊進邊境關口辦理玻利維亞的入境手續，我獨自待在外頭。

跨越智利與玻利維亞邊境的高山鹽原，途中不乏看見野生的羊駝成群活動。

智利進入玻利維亞的邊境海關。

月亮谷夕陽西下後的晚霞，恍如讓人再次穿越回當年在新疆魔鬼城的那日黃昏。

即將旭日東出的天空之鏡。

鹽磚博物館前飄揚著各國旅人帶來的國旗，當時我找不到台灣的國旗，只能和宇宙人的國旗合照，後來認識的友人兩個月後也要出發前來此處，我便託付他帶上一面全開尺寸的台灣國旗來。

玻利維亞烏尤尼鹽原上的鹽磚旅館，建築物主體是使用鹽礦做成的磚所蓋成的，床鋪底下的床架亦是使用鹽磚堆砌而成。

高山鹽原上的紅鶴保育區Reserva Nacional Defauna Andina Eduardo Avaroa，湖水裡富含紅褐藻，紅鶴正在覓食。

烏尤尼鹽原上當地住民的攤販，販售各式各樣的鹽製手工藝品與羊駝毛製紀念品。

烏尤尼之行同行的夥伴們，分別來自智利、美國與巴西。

烏尤尼鹽原上的聖
島，長滿仙人掌。

偷渡的路上，一路大
力協助我的3D國際
攝影大師Ikuo中村郁
夫，扛著沈重的3D攝
影機旅行拍攝安地斯
山脈沿途美景。

15 二〇一四年五月 約旦

第一次西亞地區自助旅行

「當意外發生時，
除了依靠教練、潛伴的解救，
自己永遠才是那個能在最短時間內
發現問題並且第一時間處理的人！」

Chile, Bolivia

約旦

2014.4/26-5/6

＃佩特拉以外的約旦

約旦，這裡屬西亞，也是中東，對於像我這樣對地理、歷史和食物並無特別有愛的人而言，只能憑藉過去零散吸收的資訊，將約旦拼湊出一個說阿拉伯語、信奉伊斯蘭教、附近區域經常征戰的意象。

史前八千年前，地中海東側西亞這塊土地上，底格里斯河與幼發拉底河兩河流域，孕育出了現有考古證據推斷人類最早的農耕文明──美索不達米亞文化，這塊土地現今的所在地，即是今日的以色列、巴勒斯坦、黎巴嫩、敘利亞、約旦幾個國家。此區域人類文明歷史源遠流長，然而只要有人類存在的一日，生存利益的衝突矛盾勢必應運而生，歷經公元前蘇美人、阿卡德人、亞述人、巴比倫人、波斯帝國、馬其頓王國、塞琉卡斯王國統治，公元後的帕提亞、薩桑王朝、倭馬亞王朝、伊斯蘭帝國、阿拔斯王朝，乃至蒙古帝國、鄂圖曼帝國，幾經更迭。

發生在這片平原上的歷史如一鍋陳年老滷，萬年不刷洗的老鍋，每朝每日加入新的滷料，卻將能與舊滷汁的味道融合，濃郁卻五味雜陳。

不過，真正促使我著手計畫前往的原因，簡單、明瞭又膚淺，純粹是因二〇〇七年透過全球網路投票選出的世界新七大奇蹟之一佩特拉。當時選擇旅行地點時，加以實際考量，選擇日程十一、二天左右、非東南亞或東北亞地區的旅行地、簽證容易辦理、機票容易購買、可以收集到世界七大奇蹟、世界文化遺產、文化衝擊體驗度高又未曾去過的地方。這個日程天數也適合歐洲或北歐單國旅行，若要安排土耳其、印度、埃及、中亞地區則略顯假期不夠長，翻翻世界地圖，赫然發現中東這塊土地尚未踏上，伊朗亦是當初列入考慮的名單之一，最後擁有佩特拉可收集、死海可漂浮、瓦地倫沙漠可露營和紅海可潛水的約旦勝出。

對於多數的旅人，約旦，由兩個部分所組成，「佩特拉」和「佩特拉以外的地方」。既是玩笑話，卻也道出在多數旅人心目中對約旦的既有印象，我本身亦不例外。這次出發前往約旦的兩個月前，自己義無反顧地偷渡前往玻利維亞的天空之鏡，實際走一遭再回過頭來評比，其實從智利邊境往北跨越海拔五千公尺，那沿途六個高原鹽湖的景致，竟意外「遠勝」天空之鏡，然而若不是為了前往天空之鏡，我將永遠錯過這些令人迷醉的美景，由衷感恩天空之鏡的美，使我的執意前往能夠邂逅附加的美。

佩特拉是我前往約旦的起因，我保持著同樣的心態，不知是否能夠像前往天空之境一樣，因佩特拉前往，而邂逅約旦佩特拉以外的動人風景。

總之，我著手計畫出發了。

二〇一四年五月 約旦

＃紅海，彼岸與此岸

這趟旅行從安曼到紅海岸的亞喀巴（Aqaba）的路線，縱貫約旦西部三百三十公里，距離幾乎等於從台北到高雄的距離，看似不遠，但若以道路狀況和各種交通條件來衡量，實際則遠比北高來得遙遠。在台灣，如果不幸遇上任何意外事件臨時得趕上三百公里的路，不僅有二十四小時皆有班次的長途客運，另外有火車、高鐵、國內線飛機，以及各種交通移動方式組合能夠應付突發狀況，然而在約旦，可不比台灣。

當時因為假期長度限制的關係，為降低萬一行程意外被延誤導致影響回國上班的風險，我計劃先一路往距離安曼最遠的亞喀巴移動，再一路倒著玩回安曼，最後搭機離開，若是不幸遇到突發狀況，趕回安曼機場的距離較短，以防萬一。無任何時間壓力的旅行者，大可不必如此費神考量，倘若遇上任何延誤，隨遇而安就地多待上幾日，不需擔心若是延誤返國會造成多少同事的困擾。一直以來，大學畢業後從沒失業又能安心一年出國三個月，感謝同儕間的體諒包容與彈性排班，當然也得感謝自己耐勞堅毅的肝臟。

一抵達安曼，迎面而來的是扭動的阿拉伯文字，陌生又熟悉的文字，幾年前曾經因為摩洛哥情人努力記下的曲線，當時能稍微辨識核對路牌上的地名是否是打算前去的地方，如今已全然忘記，任由那些文字再如何賣力扭動，彷彿都無法再打動我動腦去記下它們的軌跡，這次我只打算用兩句Salam（您好）和Shukran（謝謝）行遍約旦。

在機場裡得先兌換些約旦第納爾，申辦落地簽證就必須以第納爾繳納簽證費，當時一塊錢美金兌換零點七〇八約旦幣第納爾，關於約旦使用的貨幣幣值竟然大於美金，令我感到相當意外，過去一直停留在只有歐元、英鎊等歐洲強權國家的貨幣大於美金的刻板印象中。

這回我揪了二阿梅一同前來，我們先在安曼停留一晚稍作休息後，隔日便往南方紅海岸全速移動。紅海一直是世界級潛水聖地之一，約旦這側的亞喀巴灣僅擁有四十公里的海岸線，前來此潛水的遊客，遠遠不及前往埃及紅海岸的人數，畢竟即便扣除了在西奈半島的海岸線，埃及那側豪佔一千一百公里的海岸線，潛水據點眾多，水底景色多樣性豐富，且消費物價低廉。

上一次觸碰到紅海的海水，是二〇〇七年在紅海西岸埃及的赫迦達體驗潛水，那是人生第一次穿起防寒衣，背起氧氣瓶，咬起呼吸管，跳進海洋裡。回想起來，理當特別的第一次揹氣瓶深潛經歷，如今我卻記不起海裡的任何一景一物。

那是一個陽光普照氣溫卻僅有攝氏十二度的冬日，燦爛的陽光映照著湛藍的水天一色，粼粼波光無比耀眼，對那次潛水唯一僅存的記憶，是在水溫不到二十度的海水裡，初嚐人生中的第一次失溫，過去未曾遭遇過像這樣從身體核心被瘋狂掏出熱量，直到我在水裡全身不由自主痛苦地顫抖，體驗潛水行程尚未結束，教練似乎還意圖繼續往另外一個方向游去，我示意要提早回到海面，這是少數記憶清楚自己人生中的極限之一，每一分、每一秒，包括水下五公尺排氮停留都漫長難熬。

回到船上，我從頭頂裹著大浴巾，在甲板上曬太陽，依舊全身嚴重地顫抖著，陽光帶來的溫暖遠不及海風吹拂所帶走的熱量，同伴興奮地揪我到船頭拍攝背景是湛藍海天白帆點點的泳裝網美照（儘管當年尚未流行網美一詞），當下的我一心只想沖熱水澡、灌熱茶、窩在有暖氣的被窩裡。後來，每每看見當時藍天白帆的海景照片，仍不免閃過一絲「當初如果有留影幾張泳裝照就好了」的念頭，不過倘若這一切時光重置，再重演一百遍，我應該仍舊選擇裹著大浴巾瑟縮在甲板上取暖。

想都沒想過，七年後我竟會再次回到紅海。這次不是紅海西岸的埃及，而是紅海東岸的約旦，這裡住宿的旅館和潛店，外觀是泥磚蓋起的建築，潛店裡掛著附近潛點與海裡地形的地圖，羅列的氣瓶、調節器、防寒衣、蛙鞋一樣熟悉，卻是擺放在泥磚建築的木造遮棚底下，走進潛店前的庭園裡，種植著沙漠氣候特有的針葉植物，除了潛店這幾幢建築以外，放眼望去，視野所及的幾百公尺周遭，盡是乾枯的黃土，眼前的景象和此刻身著比基尼的自己顯得違和，難以想像待會兒就要浸濡在那被摩西一分為二的海裡。

亞喀巴灣這日風平浪靜，五月天的春末，晴朗的上午，令人迫不及待想下水，不過當時遇見的在地潛水教練對於潛水安全的要求相當嚴格，儘管當時的我已有開放水域潛水執照，但是因為距離上一次潛水活動已超過半年，教練要求我必須先上複習課程，才能正式下水，而正式下水前，氣瓶內空氣量、調節器的組裝和確認都必須自己執行，教練的認知是，已獲得潛水執照的我，代表我應有足夠能力為自己在水下的安全負責，反觀在其他一些地方，很多時候即便是對於已考有執照但很久沒有下水的潛客，店家都以服務至上幫客人組裝調整好，但是很可能潛客早已把基本潛水知識忘得一乾二淨了。

在台灣，曾經遇過名義上擁有進階潛水執照的潛客參加同團潛水行程，教練仍像照顧小朋友穿鞋穿襪般地服侍潛客，而潛客壓根兒忘記如何在水裡面鏡排水、如何確認氧氣瓶是否異常漏氣、二級頭被踢落時該如何反應的基本緊急處理。正巧執筆於此的這個夏天，台灣離島發生了好幾次潛水活動意外死亡事件，想起台灣近年潛水意外頻傳，難以不和「台灣潛水執照考試通過門檻低」做聯想，或許是為了招攬生意，即便潛水技能不足的考生也能輕易取得執照，訓練不紮實的潛水遊客在無足夠教練或助教的協助時，意外便容易發生。

當約旦潛水教練要求我，必須額外先上完複習課程才能下水時，我不認為是為了牟利想多賺我一堂複習課程的學費，也不認為是在刁難我這個遠迢迢前來只想泡一泡傳說中紅海水的觀光客，能夠重新熟練潛水基本危機處理知識，讓我感到心安，畢竟當意外發生時，除了依靠教練、潛伴的解救，自己永遠才是那個能在最短時間內發現問題並且第一時間處理的人！換個角度思考，一堂基本潛水複習課程的錢，或許就避免掉一場令遊客喪命的意外，怎麼想都覺得極為划算。

複習後，教練帶著我和二阿梅下水，二阿梅是個恐水的女子，是我現實生活中所認識連淋浴讓水從頭頂流到臉部都無法接受的稀有人類，多年來，經過一次次被我洗腦接受自我挑戰，終於也能下水體驗深潛，長灘島一次、宿霧島一次，再來就便是約旦這一次。我們背負著有些重量的氧氣瓶走過岸邊，教練牽著二阿梅下潛，耳壓調適困難的二阿梅在水下五米處駐足了半晌，才繼續猛吞著口水下降深度。

距離上次來到紅海，世易時遷已過七年，再次回來的我已取得開放海域潛水執照一年半，在海裡對於自身呼吸與動作的掌控度、調節器的熟悉度、水下四周環境的感受度，比起當年在埃及體驗潛水還是潛水新鮮人時提升許多，這次終於能有心思好好欣賞紅海的珊瑚礁和水下生物。

海平面上的豔陽，給人產生對海水溫的錯覺，或許是因為本身怕冷的關係，五月春末實際下水仍感到寒意，比起之前在埃及二月下水的經驗，這回在海裡忙著四處探索拍攝，直到潛水結束上岸後，滲透的防寒衣受風吹，此時才回過神意識到寒冷這回事，我一邊嘴裡念念有詞地咒罵著冷得受不了，一邊揹著空了半桶的氣瓶跟在教練身後，快步返回載我們來的貨車卸下裝備，平時核心肌群缺乏鍛鍊的二阿梅，打著寒顫拖著沈重的步伐在後頭緩緩跟上，這是目前二阿梅人生中第三次深潛，她無法確定是否還有下一次。

#瓦地倫沙漠星空

地球上存在著許多乾燥的地形，過去走過中國境內的塔克拉瑪干沙漠、新疆火焰山，非洲撒哈拉沙漠、智利高原阿塔卡馬沙漠，同樣是沙漠，呈現的面貌各異，即便是同一個撒哈拉沙漠，東側從埃及前往和西側從摩洛哥前往，亦會有不同的體驗。位於阿拉伯半島北邊的西亞沙漠，依舊吸引著我前去瞧瞧，和其他地方的沙漠有何不同。

從紅海岸離開，我和二阿梅往東北東移動到距此不遠的瓦地倫沙漠，瓦地倫保護區於二〇一一年同時被收錄於世界自然遺產與世界文化遺產名錄。世界文化遺產名錄的網站上記載著其收錄理由：瓦地倫保護區的岩石藝術、銘文和考古證據被認為是其早期居民文化傳統的特殊證明，超過兩萬五千幅岩畫、兩萬幀碑文和一百五十四個考古遺址，顯示至少一萬兩千年前人類居住和土地持續使用的證據；雕刻在巨石、石頭和懸崖表面的人形和動物圖像，提供了畜牧業、農業與城市人類活動模式的證據；塔穆德語、納巴泰語和四種不同文字的大量阿拉伯語銘文證明了在其游牧社會中廣泛的識字能力。考古發現跨越了從新石器時代到納巴泰人，所有時代遺留下的歷史遺跡。

閱讀至此，不禁讚歎起，原來網路照片上那看似了無生氣、豔陽下滾滾紅漠，底下蘊藏如此深厚的文化歷史意涵，忽然能夠忍受來此旅行的烈日曝曬和風沙吹刮，整個白晝間處於又曬又熱又乾又渴的狀態。

瓦地倫的沙漠地形變幻多端，顛覆了我過往對沙漠即是一望無際沙丘的刻板印象，這也和在埃及露營的石灰質白沙漠大相徑庭，這裡盡是尺寸驚人的聳立石柱、被侵蝕風化成高聳盤踞的巨石拱門、峽谷地形。一輛又一輛的吉普車載著絡繹不絕的遊客，馳騁在略為呈現赤紅色的沙漠，穿梭在砂岩峽谷間，看似荒蕪的地點，會突然出現許多輛吉普車聚集，這些車輛載來一批又一批慕名而來的觀光客，來到不毛之地爬石頭。好幾回撞見，我總好奇，那些手腳俐落的外國人究竟是如何出現在約莫五、六層樓高的陡立巨岩頂上。

這裡的活動，不外乎白天搭著吉普車看石頭、賞地貌，探訪一萬兩千年前人類在此區域的洞穴岩壁留下的活動痕跡，尋找「阿拉伯的勞倫斯」[1]的紀念雕像，夜間則是住宿在體驗貝都因人生活的沙漠帳篷旅館，這是近年來觀光蓬勃發展的熱門行程。貝都因（Bedouin）在阿拉伯語裡，原指「居住在沙漠的人」，貝都因人是一群生活在沙漠曠野的阿拉伯人，分布範圍廣闊，從北非到中東、阿拉伯半島，帳篷為家，駱駝為車，沙漠為地，畜牧為業。

儘管白天活動得耐受著乾熱高溫的氣候，騎騎駱駝、爬爬岩石、四處拍照，依舊感到新奇好玩。到了傍晚，太陽一下山，整個大地宛如剛出爐的麵包，沸騰的熱氣在打開爐蓋一瞬間散去，經過一日的活動，終於可以褪去全身防曬的行頭，在帳篷旅館寬廣的用餐大廳帳裡享用傳統約旦料理。

其中一夜，我和二阿梅決定體驗住宿在瓦地倫沙漠洞穴過一晚。這天在帳篷旅館用過晚餐後，我和二阿梅被接送到一名貝都因人家裡，說是家，其實就是他們居住的帳篷。司機和主人寒暄了幾句後，我們被招呼坐臥到帳篷內的地毯上，奉上不知加了幾湯匙糖的薄荷茶，除了貝都因主人，帳篷內還有一名高大的白膚年輕女子，她的外表和現場周遭的一切，顯得突兀，不過她的神情態度、衣著、動作卻顯然已融入這裡的環境。

主人問我們要不要來飯後一壺水菸，我對水菸並不陌生，多年前分別從埃及和摩洛哥買了幾支水菸壺帶回台灣，新鮮感驅使下，當初好一段時日，總是呼朋引伴到中正紀念堂、國父紀念館、芝山公園、新竹、台中四處辦水菸野餐派對。難得來到約旦貝都因人家裡，當然要入境隨俗地來一壺。

未料，白膚女子動作熟練地幫忙主人在水菸壺的陶缽上加菸草，我開口和她聊天，原來十九歲的她來自挪威，第一眼印象的高大，在我直白不顧冒犯地詢問下，確認了她有一八五公分的身高，因為迷戀中東文化，於是她旅行到約旦的時候，便停留在瓦地倫打工換宿，這一停留就是半年了。我短暫地陷入自己的回憶，回想自己十九歲時在做什麼，十九歲，就是我開始第一次出國自助旅行去紐西蘭三個多禮拜的年紀，但是扣除這些，我就只是個普通的大學生，而眼前這個女孩子，從冰天雪地的家鄉獨自在中東沙漠生活了好一段時間，我忍不住觀察著她的一舉一動，感到強烈好奇。

茶足菸飽過後，主人準備帶二阿梅和我去過夜的洞穴，在離開還有火光的帳篷前，二阿梅先卸下假睫毛，挪威女孩對於來沙漠旅行還不辭辛勞每天戴假睫毛畫全妝的東方女子，也同樣感到嘖嘖稱奇。隨後，主人載我們到附近不遠處一塊巨大岩壁下的洞穴，與其說是洞穴，倒不如說是個傾斜山壁遮蔽下的半開放空間，不是想像中礦坑那般深入的洞穴，電影裡那樣的洞穴總是藏匿著最頂級的妖怪、惡魔或是猛獸。由於是半開放空間，基於安全考量，旁邊還是有一道不自然的弧狀泥牆圍著一小區塊，裡頭已擺放了毯子和睡袋，在這裡睡覺簡直和在富豪人家莊園佔地廣大

1 一戰時期領導阿拉伯游擊隊對抗鄂圖曼帝國統治的英國陸軍情報官Thomas Edward Lawrence，當時領導阿拉伯起義，游擊隊亦經常藏身佩特拉，在古代納巴泰人雕鑿出的五百餘個岩牆洞穴中暫時避難。

的花圃圍牆邊露營，頗有異曲同工之妙。

關掉自己的手電筒後，眼前世界的光明就只剩下天上的繁星和遠處地平線上微弱的文明光害，可能是附近貝都因人或是某些帳篷旅館的營火。拍完一陣子微光的瓦地倫沙漠夜景，欣賞完沙漠銀河星空，就寢時，我收起了相機，萬籟俱寂的時刻，才赫然意識到，這是人生第一次在全然無遮蔽的大自然環境下過夜，以往溯溪或是登山露營，睡在塑膠帳篷裡，好歹與野外天地還有一層薄薄的塑膠之隔。此刻正露出一顆頭在睡袋外的我，張眼看得見岩壁和星空，遙聞遠處傳來狼嗥，心想沙漠裡的狐狸、狼是否會躍過泥牆進來，四周安靜得駭人，寂靜到一些沙地傳來窸窸窣窣的細微聲響，或許只是風吹沙的聲音，都在腦中自動演繹出野生動物的腳步聲。

「原來，原始人都是這樣心驚膽戰地睡覺過夜的啊！」恐懼終究不敵一天的疲勞，我沈沈地睡去，這一夜，意外成了我此次約旦行感受最深刻的一幕。

#佩特拉之夜與寶庫之晨

佩特拉是讓我決定前來約旦的主要目的地，出發前在網路搜尋佩特拉，可以搜尋出成千上萬張佩特拉的照片，直接利用峽谷地形鑿建出的粉紅玫瑰城，鬼斧神工。起初我預設了沒有太過期待的立場，以為會有來自世界各國的觀光客塞滿景點，實際上價格昂貴的門票，確實還是阻止不了前仆後繼來朝聖的遊客，不過我一向喜歡同一個事物在不同時刻、從不同角度去觀察體驗，像是看極光，我會想親自體驗從北半球八個不同能看到極光的國家去看有何不同，像是看高山銀背猩猩，我會想自己體驗從烏干達的山頭和從盧安達的森林前往有何不同。

大抵就是這樣的性格，我意外發現了能避開眾多觀光客、好好欣賞佩特拉的美妙時刻。

有一大部分前來佩特拉的參團旅客，迫於行程，通常會安排一個整天參觀，這個舉世聞名的七大奇景之一，夏季開放時間是清晨六點到傍晚六點，冬季到午後四點，對於需要晨光角度的攝影師而言，這個提早到清晨六點即開放入園的營業時間，著實貼心。通常團客會在八、九點過後大舉入園，要避開人群只能起個大早或是一入園便全速前往最高處的修道院，再一路往回走，或是在人潮退去後，待到即將關園的最後一刻，才趕忙離開。

由於購買了佩特拉的兩日加佩特拉之夜的門票，兩天一夜，二阿梅和我在佩特拉裡各處從早至晚，晃蕩了許多回，發現了極致體驗佩特拉的四個時刻：

佩特拉之夜、寶庫（Treasury）之晨曦、修道院之屋頂夕陽和隱藏版佩特拉之星月。

佩特拉之夜，為每個星期一、三、四晚上的點燈活動，晚上八點半開始開放入場，從剪票口驗收票之後，便可以自己沿著蛇道地上的蠟燭往裡面走。鵝黃色火光的蠟燭一路從入口大門沿著一點二公里的蛇道（The Siq）擺設，延伸到寶庫前面，布滿前半面廣場，剩下的後半面廣場空間擺放了好幾列供參觀者的座位。沿途邊走邊拍照，至少花上半個小時抵達寶庫，此時廣場前已塞滿人，滿溢的人群近乎堵住蛇道的出入口。

參觀佩特拉之夜的人出乎意料地多，粗淺地估計至少三百人以上，現場存在對於攝影人的挑戰，是遊客手持照路的手電筒，造成許多意外的光害。還有就設置在寶庫廣場前左手邊販售紀念品的咖啡店，還鋪設讓客人席地而坐的地毯，兜售咖啡和茶，而店家明亮搶眼的白色招牌燈光，正是夜拍寶庫的最大光害。

想要拍攝人潮清空的畫面，只能搶很早進去又走很快，不過有同樣想法的人太多，大概只能考慮傍晚進去佩特拉就厚臉皮躲藏在園裡，或是只得等眾人散場，約莫晚間十點左右，工作人員開始催促遊客往門口離場，也開始清理地上擺設的蠟燭了，為了拍攝只有燭光月光映照在寶庫的清幽畫面，我一直等著其他遊客離去，直到抱有相同想法站在我鏡頭構圖裡比著勝利的遊客終於離開，眼見工作人員已經開始要收拾掉寶庫前蠟燭的極短暫時間差裡，搶拍了幾張心目中的構圖，然後，開始撤退，往回走時，不時又忍不住地停下腳步拍照，走走停停，二阿梅和我在蛇道的整段路，幾乎是一路被後方追上沿途收拾地上蠟燭的垃圾車，追趕回到大門口。

雖然說穿了，佩特拉之夜本質還是觀光商業活動，倒是氣氛的營造，確實替這千年前留下的古蹟大為加分，是一遭視覺上極為浪漫的饗宴，踩著古老的碎石路，穿梭過蜿蜒曲折的岩壁幽徑，星空下涼風中，掠過一層層粉紅幻彩岩壁的轉折，彷彿穿越時空的裂隙，一陣光亮映入眼簾，瑰麗的寶庫神殿乍現眼前，那個瞬間，不禁產生既視感，一八一二年第一位向世界揭示佩特拉存在且存活下來的歐洲人布爾克哈特，第一次穿越蛇道，視野從一道裂隙，豁然開闊，高達三十九點一公尺、寬達二十五點三公尺的瑰麗岩鑿神殿矗立眼前，兩百年後的我，每一次走進蛇道，光是想像，那感動與震撼便久久不能自已。

隔日天色初泛微光，二阿梅和我起個大早，趕在人潮淹沒佩特拉之前，拍攝晨曦照耀的寶庫神殿，這整個佩特拉城裡最著名的岩鑿建築，正式名稱為卡茲尼神殿（Al Khazneh），事實上似乎長久以來的考古，仍未定論究竟是宮殿、墳墓抑或寺廟，被人多所懷疑，這是座替公元前九年至公元四十年間統治佩特拉的納巴泰國王阿雷塔斯四世（Aretas IV）所建造的墳墓。考古學家一直未在其中找到任何器物，而據說二十世紀初期曾有貝都因人，因在神殿二樓的一個骨灰盒內，發現裝有埃及法老的寶物，誤認為該建築為「寶庫」，就此被稱作眾人所熟知的寶庫。

寶庫神殿坐西面東，適合上午時間來拍攝，因為靠近整個佩特拉的正門入口，八點到九點過後便會有許多旅行團湧入，五月初春末時節，八點前拍攝只有晨曦的映照，呈現柔和的粉紅色，九點半後，陽光才能映照在整個建築牆面。不過我和二阿梅打算從另外一個更清幽的地點來欣賞寶庫神殿，從皇家墳墓的後方有一條步道能夠走上寶庫正對面的岩壁山頂，只有從此處才能以神的視角俯瞰寶庫，站在底下廣場前永遠只能抬頭仰望。

這條步道顯然比較少人走，沿途有許多顏色的岩石，約旦到處可見的紀念品沙瓶畫，其來有自，古人使用天然顏色的岩石磨成色粉來使用，俯拾即是粉紫色、金黃色、天藍色、翠綠色、粉紅色、鮮橘色等顏色的岩礦，讚嘆貝都因人有幸擁有佩特拉此般上天賜與之禮。

約莫一個鐘頭腳程的爬坡，便能抵達俯瞰寶庫的眺望處，有人在此搭了個涼棚，十點旭日已高升，在涼棚下乘涼，慢看底下在岩縫中移動的遊客、驢子、駱駝，在此喝上一壺約旦茶，感到無比愜意。

#修道院之屋頂夕陽與佩特拉之星月

佩特拉整區被懸崖絕壁環抱，形成天然城牆，壁上兩處斷口，形成這狹窄山谷中進出谷區的天然通道。許多建築物被雕鑿在粉紅色岩壁上，從簡陋貌似洞穴的方形小室，到有階梯、露台、廊柱、雕像等複雜結構的精緻多層建築，這些建築群是已消失的納巴泰民族的墓地和寺廟。

阿拉伯游牧民族納巴泰人，約在公元前六世紀從阿拉伯半島北移到此，利用佩特拉天然屏障建城，建立了納巴泰王國。到了公元前四世紀，納巴泰人又利用了佩特拉的另一地理特點優勢，此地成為亞歐商隊往來必經的門戶，阿拉伯的沉香、印度香料、埃及的黃金以及中國的絲綢都得途經佩特拉。可以想像兩千餘年前長途跋涉的商旅行路自此，大汗淋漓的旅人坐進店鋪大口飲茶的舒暢爽快。

佩特拉這裡分布廣布的建築物，除了寶庫神殿以外，另一個著名的建築是修道院。修道院位於整個佩特拉遺址距離入口處最遠的地方，若是從寶庫神殿步行上去，大約要兩個小時的腳程，因為高度也從海拔八百公尺上升到一千七百多，體力不佳或是想節省時間的人，可以考慮花錢搭乘驢子或是騾子上山，已高度發展觀光的佩特拉，穿梭蛇道往來的馬車，還有駱駝、驢子、騾子穿梭在各處，倒有幾分似遠古時代的迪士尼樂園。收取的費用差異反映了搭乘的距離，來回通常能殺點價，以及端看每個人的殺價功力，並沒有太嚴重惡性削價競爭的現象，同樣的距離，詢問了不同的貝都因人，價格大同小異。

修道院是坐東北面西南，過中午後日光才會照射在修道院面上，因為地理位置最遠，一般遊客都是一路慢慢走上來，因此午後遊客最多，卻也總是趕在傍晚黃昏光線最美的時刻下山。有鑑於中午來到修道院，勘察四周地形和拍攝角度，傍晚時我臨時決定一個人騎騾子趕回海拔一千七的修道院拍攝夕陽，二阿梅決定在山下咖啡店裡喝茶等我，六點左右我重新返回修道院，此時遊客僅剩下六、七人。

我先是再次走到修道院對面的山坡瞭望處，俯拍修道院，夕陽照射下，修道院此時已呈現金壁輝煌的樣貌。遠眺著壯觀的修道院，突然想起下午同樣站在此處眺望修道院時，看見兩名男子從修道院側邊陡壁翻爬上去修道院的屋頂，修道院高四十七公尺、寬四十八公尺，底下觀光客們瞠目地看著爭相拍照，不一會兒又見一名白髮白膚的大叔在陡壁試圖攀爬又不得其門而入，抬頭瞧了瞧只得放棄走掉。

我從對面瞭望處下山走回修道院，往修道院左邊的陡壁走近，傍晚顯然風大了起來，一番估量之後，覺得風太強冒然攀爬過於危險，只得作罷，再回到修道院前拍照，此時我所僱騾子的主人邀我喝茶，貝都因人隨身攜帶著茶壺和茶，用隨處可拾的乾草當燃料，就地起火煮起茶來，我就這樣在修道院的「正殿」上喝起貝都因人的手沏茶。

正當以為喝完茶大概差不多得趕在日落前出發下山，卻瞧貝都因男子一副悠哉樣貌，他不急不徐地收拾起茶壺和煮茶的工具，突然跟我說，要帶我「上去」。「上去？」沒錯，上去！不知道是否稍早前他觀察我在修道院側邊岩壁探頭探腦，察覺到我內心原本偷偷打算找路徑爬上修道院的念頭！

攀爬上修道院頂部的岩壁相當陡，要踩著特定的路徑才上得去，下來則是另外的特定路徑，沿原路下來的話，因為身體姿勢的關係很難倒著步伐下來會摔落，切勿逕自攀爬，貝都因男子從小在佩特拉長大，這裡是他們小時候的遊樂場，同樣的路徑不知已爬過幾回，我跟著他的腳步，每一個步伐踩在特定的岩塊位置上，手抓握在特定的位置，身體跟著要作中心的轉移，有幾處倘若沒有人帶領，我大概無法順利往上攀，這堪稱不攀岩的我人生第一次算得上攀岩的經驗了吧。

抵達修道院的屋頂時，近距離觀察才赫然發現，每一座圓拱頂是如此巨大，我跟著貝都因男子小心翼翼地在屋頂移動，我盡量降低重心貼近圓拱頂面，貝都因男子好奇我是否懼高，我笑笑，心想懼高的人應該一開始就不會想上來，我沒有懼高但是懼怕從高處摔落啊，屋頂這裡十四層樓的高處風勢較大，我格外留意自己的重心，以免被不預期的狂風吹落。我找了一個舒服、安全、有狂風也吹不落的位置窩著，放心地瀏覽眼前的景色，底下拴在修道院前的騾子成了一個灰點，在修道院的屋頂，我置身在被夕陽映照成金碧色的修道院上，遠處被黃昏金暉勾勒出壯麗輪廓的雲彩，襯著整個佩特拉。居高臨下，從這裡也能眺望到山下遠處的皇家墳墓，夕陽餘暉映照在自己「腳底下」的佩特拉，一霎那，眼前是博物館名畫裡風起雲湧的壯闊景致，而自己和貝都因男子成了其中的構圖之一。

入夜，除了舉辦佩特拉之夜的夜晚，在大量觀光客退潮離去，佩特拉顯得靜謐祥和，千年留下的一沙一石，在月光中靜靜地待著。欣賞完修道院的夕陽後，我與貝都因男子一同騎騾下山，途中擦身而過另外三名同樣等夕陽西下才步行下山的遊客，約莫七點十分日落，天黑約莫七點四十分，倘若更晚則幾乎要摸黑下山，從修道院下山的步道，有些階梯落差相當大且陡，所以夕陽西下後盡量趕緊下山，或是若事先已有打算待日落後才下山，記得攜帶手電筒。

夜晚八點多，天已暗下，整個佩特拉為黑暗所籠罩，新月低掛在山稜線上緣的不遠處，微弱的月光隱約勾勒出岩石的形狀，貝都因男子不時指著山頭，告訴我說那看起來像駱駝，那看起來是大象，從小在佩特拉長大的他們，才會知道從哪個角度哪塊岩石會呈現有趣的形狀。男子告訴我，許多貝都因人在佩特拉裡面都有洞穴的住所，如果你時間足夠，也是有機會到貝都因人在佩特拉裡的洞穴住上一晚。

暗夜中，騾子的蹄聲輕快地劃破佩特拉月色下的寧靜，我一手摟著貝都因男子的腰，一手扶著鞍，慵懶地隨著騾子步伐搖晃的節奏，往村莊燈光處前進，若有似無的曖昧彷彿在那短暫的搖晃律動中攪拌，但我心中其實全惦念著「把生命交付與夜行的騾子，實在太危險了！」，我腦補著，若是騾子一個踉蹌，貝都因男子、我還有騾子本身可能就一起跌落陡立的岩壁，這念頭讓我倜促不安。他帶我抄近路，我們在騾背上順利安全地回到佩特拉後山側的貝都因村莊瓦地馬蘇（Wadi Masu），再從那邊搭車回到佩特拉的正門口，和二阿梅會合，這比讓我從寶庫下騾再走蛇道那段約一點五公里的碎石路，還來的省些時間。

原先我以為我拍攝完修道院夕陽，一天黑就會回到出口和二阿梅會合，修道院屋頂所見史詩般的佩特拉夕陽景致，和星月下沈靜宛如卸妝後的佩特拉樣貌，截然不同的感動，在我心中餘韻迴盪久久不褪。

玫瑰紅牆見證歷史

我不是個對歷史特別有研究的人，然而在書上讀到，關於當年冒死喬裝穆斯林一位成功混入當地將佩特拉揭示於世的瑞士旅行家布爾克哈特，對他「發現」佩特拉的這段歷史，忍不住為之神往。

一七八四年出生於瑞士的布爾克哈特，在德國和英國受教育並學習阿拉伯語。一八〇九年才二十五歲的他，接受了英非聯合會的任務，負責調查研究以解答當時的一個地質學難題：究竟北非的兩條大河—尼日爾河和尼羅河—是否源自於同一條河流。他先是前往敘利亞，花了數年的時間加強阿拉伯語，再前往埃及開羅，加入穿越撒哈拉沙漠前往尼日爾地區的商隊。他刻意蓄起了鬍鬚，改了個穆斯林名字阿布道拉，頭裹頭巾、身著長袍，喬裝成穆斯林。在當時鄂圖曼帝國統治地中海東部的區域，這個穆斯林國家的人民幾個世紀以來，和信仰基督教的歐洲各國戰火不斷，獨行進入穆斯林地帶的基督教徒會被當地人當做奸細而驅逐出境或慘遭殺害。

佩特拉並非是一個在歷史上消失了的城市，在公元二、三世紀羅馬帝國全盛時，佩特拉還曾一度是羅馬東部繁榮的省城，後來長期沒落，然而，它一直緘默地存在。到了布爾克哈特時代，除了阿拉伯沙漠少數游牧民族貝都因人外，鮮少有外人造訪。對外界而言，佩特拉隱沒於死海和亞喀巴灣間的山峽中，地理位置極為神秘。

在布爾克哈特之前，一八〇六年一位名叫西特仁的德國學者偽裝成阿拉伯人，穿越鄂圖曼領地，從一個貝都因人那裡聽聞了「佩特拉廢墟」的傳說。好奇的西特仁試圖悄悄溜進佩特拉，不幸被發現是偽裝成穆斯林的基督教徒，慘遭殺害。事隔六年後，一八一二年布爾克哈特由敘利亞向開羅南行，途中他突然發現自己正處在傳說中的佩特拉附近，決定去探勘這長久以來被遺忘的城。強運如他未受任何傷害地到達了佩特拉城。他發現，通往佩特拉的必經之路是一個極為狹窄的山峽，這條天然通道蜿蜒深入，直達山腰的巖石要塞，一轉過這個令人毛骨悚然的山峽，世上最令人驚歎的建築就呈現在眼前！當我筆落至此，穿越出蛇道那一瞬間的畫面，驟然浮現眼前。

對布爾克哈特來說，佩特拉不過是旅途中遇見的眾多奇觀之一。他馬不停蹄，前往埃及，隔年一八一三年在埃及南邊的努比亞地區，發現了隱沒在沙堆裡，那偉大的拉美西斯法老所留下的阿布辛貝遺址。儘管一八一七年才僅三十四歲的他病逝於開羅，最終未能解開尼日爾河與尼羅河源頭之謎，然而作為一位旅行家，短暫的一生中能夠「發現」兩個如此驚世的歷史遺跡，這是縱觀古今難已被超越的成就。

此外，他在遊歷敘利亞、阿拉伯和尼羅河峽谷期間做了大量的筆記，英非聯合會在他過世後十幾年間出版了他的筆記，其中名為《敘利亞聖地旅行記》的一卷書中，他對佩特拉的描述引發了歐洲冒險者的激情，後繼者不畏艱辛源源不斷地踏上了前去佩特拉的旅程。爾後十九世紀，有更多好奇的遊客繼續踏上前往佩特拉的道路，這些人們之中，有後來發現了特洛伊城的考古學家謝里曼、在尼尼微地區開鑿出美索不達米亞城的萊亞德。其影響之力，讓後人一代又一代不斷地發酵。

後世源源不斷踏上相同旅程的遊人之一如我，身為一名無可救藥的旅行狂熱者，對於這樣的經歷與成就欽慕不已。

來到佩特拉，走累了坐在寶庫神殿對面岩壁邊上，望著神殿發呆，看著照射進峽谷的光線，隨著時間，以一種難以讓人察覺的速度推移，廣場前來來去去的遊客，出現、驚呼、拍照、離去，這畫面不覺輪轉了幾百幾千遍。待我回過神時，神殿的岩色反射出另外一種色澤，光影已然更迭了角度，我意識到，作為人類短暫數十年生命中的這一霎那，竟與佩特拉悠長的歷史交合重疊。

在安曼街頭閒晃時，意外認識了一戶當地人家，年長的男主人養著一頭鷹，家裡正巧新添丁，喜氣洋洋。

約旦首都安曼城市街景。

安曼街頭清晨販賣早餐茶水的小販。

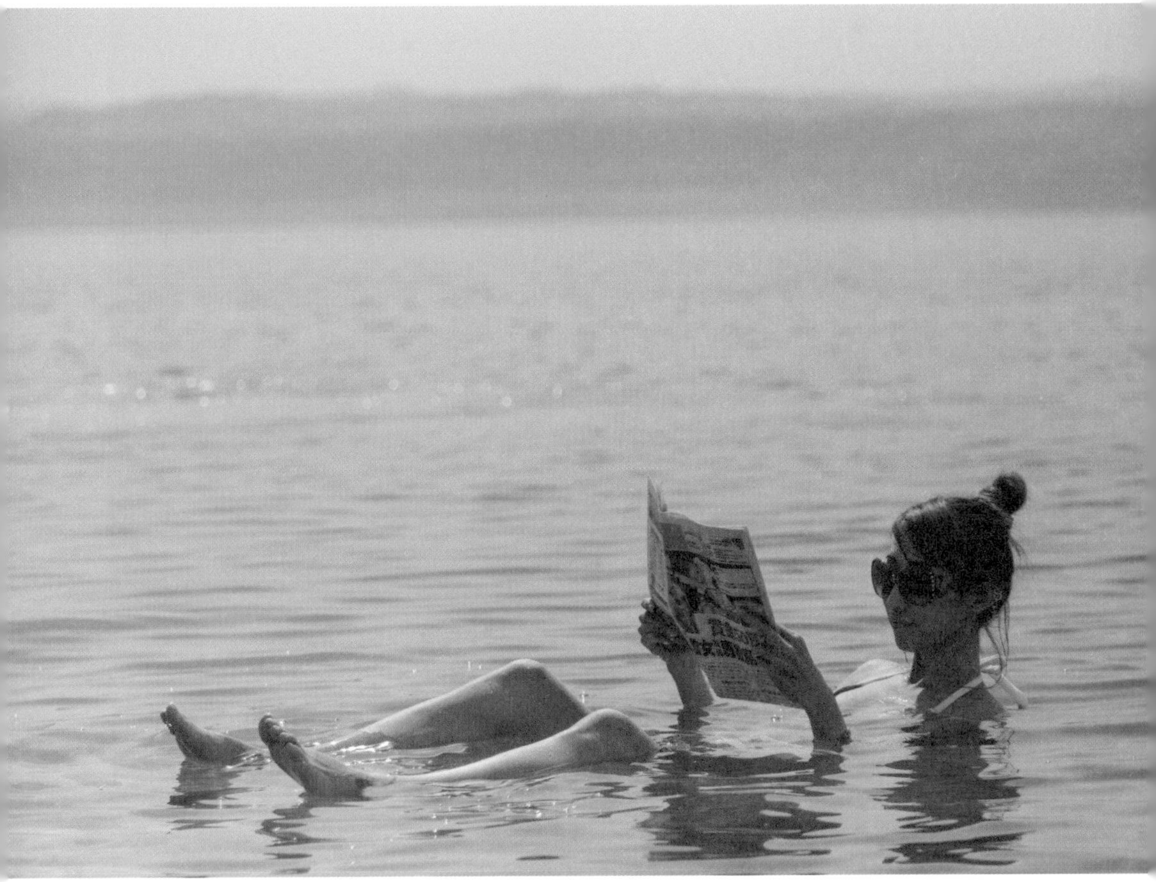

來到高鹽度的死海，體驗輕鬆漂浮在水面的感覺。

紅海海平面以下的奇幻世界。

除了潛店這幾幢建築與周圍種植的棕櫚植物以外，放眼望去，視野所及的幾百公尺周遭，盡是乾枯的黃土。

時隔七年，再次從紅海東岸的約旦亞喀巴灣潛水。

人生第一次潛水是二〇〇七年在紅海西岸埃及的赫迦達體驗

瓦地倫沙漠區域雖然地處偏僻，但屬於約旦熱門旅遊路線之一，遼闊荒無人跡的沙漠，在景點附近會違和地出現聚集的人車。

在當地貝都因人的家裡作客。

貝都因人傳統手扒飯。

體驗在瓦地倫沙漠的岩石洞穴過夜，不過洞穴不是想像中的那種洞穴，倒像是睡在岩壁腳下的開放空間，半夜很怕有野生動物跑進來。

瓦地倫沙漠的星軌長曝照。

佩特拉的入口蛇道夜景，只有佩特拉之夜會布置上燭火。

許多年幼的貝都因孩童從小在佩特拉景區裡工作，幫忙招攬觀光客騎驢子、騎騾子的生意。

佩特拉之夜，被燭光照耀的寶藏殿。

兩名男子從修道院側邊陡壁翻爬上去修道院的屋頂，修道院高四十七公尺、寬四十八公尺，底下觀光客們瞠目地看著爭相拍照。

算是我人生第一次的攀岩，是爬上佩特拉最高處的岩造修道院屋頂。

傍晚帶我騎騾子上修道院的貝都因男子。

傍晚時分，斜陽照射在修道院上，一旁岩壁的陰影襯托出白騾，我站在對面高坡上拍攝，我的影子與白騾對視。

16

二〇一六年三月
盧安達與烏干達

第一次東非獨行自助旅行

「我們現今所旅行的世界，
都是前人的所作所塑造成形的，
是否應該思考，我們現在的所為，
又將會替未來的旅人塑造出如何的世界。」

Rwanda and Uganda

烏干達
伊莉莎白女王
國家公園
Queen Elizabeth N.P.
布恩迪難以穿越
國家公園
Bwindi Impenetrable N.P.
姆布羅湖
國家公園
Lake Mbaro N.P.
坎帕拉
Kampala
姆加新加
國家公園
Mgahinga N.P.
維多利亞湖
Lake Victoria
火山國家公園
Volcanoes N.P.
盧安達
Airplane
Car
基伏湖
Lake Kivu
基加利
Kigali
紐格威國家公園
Nyungwe N.P.
盧安達、烏干達
2016、3/24-4/7

#突如其來的非洲「達、達」之旅

二〇一五年十月，我人生中第一本個人著作《追逐，幻舞極光—貝琪梨的追光紀事》出版了，伴隨而來許多關於極光旅行的演講、極光攝影的課程講習等等的邀約，原本和友人的旅行社計劃極光攝影旅行團的合作，在準備推展之際，也隨著二〇一六年二月的台南大地震[1]一併傾塌了。極光旅程的突然取消，儘管可惜，卻讓我鬆了一口氣，原本醫院工作時數外的休假時間還是得出國帶團繼續額外工作，此刻又變回真正屬於自己的出國休假。

極光隨團的工作臨時取消，此時已經是預定排好休假的十天前，我想起臉書上友人曾分享前往非洲烏干達的旅程，她在泥濘的雨林裡穿梭了九個鐘頭，終於找到野生的銀背猩猩家族。我立刻上網研究了一番前往的可行性，便決定前往，開始查找機票和尋找銀背猩猩的行程。由於過於倉促，我也不預期能在如此短暫的時間裡，就能臨時找到剛好有假、有錢、有體力、有興趣去非洲的野地山林裡勞累受苦找猩猩的人，索性當機立斷放棄找旅伴，專注在安排自己有興趣的行程上。

約莫是從二〇一〇年前往南極那趟逃離現實壓力的旅行開始，我的旅行總是會設定某個特定的拍攝主題，以該主題為最終目的，而其他沿途附加的所見所聞則隨遇而安，例如二〇一一年八月去肯亞看動物大遷徙、二〇一三年五月到啟發達爾文進化論的加拉巴哥群島與海獅共游、二〇一五年二月去亞南極福克蘭群島拍攝野生企鵝、二〇一六年七月到馬達加斯加看狐猴、二〇一六年九月到南太平洋東加王國在海裡與鯨魚共游、二〇一七年五月到日本御藏島與海豚共游、二〇一九年十一月到挪威北極海裡拍攝水下虎鯨影像，以及從二〇一二年十二月到二〇一九年十一月七年間二十趟的極光攝影，皆是如此。

我的旅程總需要一個前進的目的地，無法像許多浪跡天涯的背包客，出發了再決定想看什麼，但是我倒不那麼在乎最後是以何種方式抵達目的地，有時候倍受艱辛一波三折地抵達，有時候在沿途會被其他意外的美景擱置腳步，倘若能達標拍攝到原先希望的主題更好，這次沒有完成的話，我相信總還是有機會再來，不需要感到沮喪，至少在新冠疫情橫空降世讓全世界停擺之前，我總是如此深信著。決定旅行的拍攝目標主題，對我而言相當重要，因為這涉及我需要提前準備所需攜帶的裝備，儘管旅途中往往不斷有許多意外發生，但是我比較喜歡有備而來的狀態去迎接任何突發狀況。

拍攝全世界僅存數量估計約八百八十隻的野生高山銀背猩猩，即是我此行的目的。高山銀背猩猩是長毛大猩猩，英文是Gorilla，亦稱作金剛，曾經聽聞其他旅者參加旅行團想拍攝大猩猩，結果到了非洲才發現被安排的是黑猩猩（Chimpanzee）行程的囧事，旅行社事先提供的英文行程

---

1 台南大地震，二〇一六年二月六日凌晨三點五十七分，震央位於高雄美濃區，但台南新化產生最大震度七級，美濃主震後觸發台南第二主震，造成台南永康區維冠金龍大樓倒塌，造成一百一十五人死亡。

表上清楚列著Chimpanzee trekking，令人啼笑皆非。長毛大猩猩與全世界動物園裡可見、數量約十萬隻的平地短毛大猩猩不同品種，高山銀背猩猩之所以被稱為銀背，係指大猩猩家族裡的當家公猩猩背部的毛色會呈現白色，背部在陽光照耀下呈現銀色光澤，而他們只有生長在剛果金、盧安達、烏干達三國交界處的原始火山雨林裡，這整個山頭被劃為保育區。

這三個國家分別有國家公園內探訪野生銀背猩猩的健行行程，既然難得前來一次，我打算分別從這幾個國家不同的路線前去同一座銀背猩猩的家鄉火山，親自體驗有何不同。在新冠病毒這樣全球性高度傳播疾病的世代來臨以前，對於持有台灣護照身分的我，能不能說走就走，可行性的最大決定權只在於「想不想去」和「拿不拿得到簽證」。

一經研究，持台灣護照要入境於一九七一年和中華民國斷交的剛果民主共和國，也就是俗稱的剛果金，得先至新加坡的外交辦事處辦理簽證，看來並非是十天之內能夠解決的問題，再則內亂不斷的剛果金治安堪慮，那陣子正巧看見香港臉友在入境剛果金的海關慘遭刁難，當場撕毀他的黃熱病黃卡，要求他在當地付費重新注射疫苗取得證明，一想到要使用當地不知是否重新消毒重複使用的針頭注射，著實駭人，他當下立刻決定不要入境剛果金，改去其他國家。他人的前車之鑑，我毫無懸念地立刻放棄前往剛果金，畢竟留得青山在，莫怕沒柴燒，保命保健康優先才得以永續玩耍下去。

所幸剩下的兩國盧安達、烏干達，取得簽證簡單許多。除了兩國皆可以線上申請該國單獨的電子簽證，在二〇一四年之後，盧安達、烏干達與肯亞三國為了發展東非觀光，推出東非觀光簽證（East African Tourist Visa），同樣線上申請即可，費用為一百美金。我打算從盧安達入境，烏干達出境，簽證從入境的國家簽證網站申請。線上填寫申請表送出後，三天內會回覆，若是申請核准，則會另外收到一封核准簽證信，將信件內容列印出來，在入境海關時出示，繳交簽證費用，即可換正式的簽證。

簽證費用能選擇線上事先付款，也能選擇入海關時再付美金現金或當場刷卡！非洲國家簽證費用能夠刷卡一事，刷新了我對非洲的刻板印象，也令我想起之前入境約旦時，簽證費要求只能付約旦第納爾現金，我當時倒是有股衝動想試問海關官員，剛到海關還沒入境的外國旅人身上怎麼會有約旦第納爾，而兌換外幣的櫃台設置在海關入境後，這大概是約旦公務人員的幽默吧。

申請了簽證、訂了機票、找了能夠安排國家公園健行行程和交通的當地旅行社，查詢了前往地區的氣候，準備了攝影器材和健行裝備、禦寒衣物，好，可以出發了！

#《盧安達飯店》鏡頭外的今日2

從盧安達的首都吉佳利（Kigali）入境，街上看見的光景，和想像中一團紊亂全然不同，柏油路鋪得平整，街上整潔乾淨，治安良好，和幾年前我去肯亞時的感受迥異，當時走在肯亞首都奈洛比街上，隨處可見荷槍維持治安的警察，路邊隨處充斥著壯漢以不友善的眼神打量我們一群東方遊客，我想像倘若當時的我是獨行落單，大概已經被動手行搶了。

相對眼前盧安達的現況，據稱因歷經過一九九四年的境內種族大屠殺，整個國家相當法治，在路上所見機車騎士也都會戴安全帽，反倒比起台灣某些偏遠地區民眾戴安全帽的比例還高。後來行程走完盧安達和烏干達後，才發現這種守法的狀態僅限於盧安達，一離開盧安達邊境進入烏干達，便察覺眼前的烏干達人騎機車都不戴安全帽了，整趟走遍烏干達西南部到首都坎帕拉，前前後後竟只見過兩個烏干達騎士戴安全帽。

在前往這趟旅程的重點看銀背猩猩之前，有幾日的時間待在盧安達首都吉佳利和途經的一些城市，我參觀了位在距離吉佳利三十公里近郊的大屠殺紀念館，說是紀念館，實際上是紀念塚，眼前幾個長達五十米的大坑，將當年被殺害的人們掩埋在坑內，埋了超過二十五萬名姓名難以考究的受害者屍骨，堆疊著讓人驚慟難以承受的數字。紀念館裡的展示板，羅列詳細說明著這場發生在一九九四年長達百日、受害死亡人數超過百萬的種族大屠殺。

盧安達大屠殺是一連串源於權力鬥爭的產物，和希特勒基於民族自我優越偏見屠殺猶太人的大屠殺，存在本質上的不同。盧安達人口組成主要為胡圖族（Hutu，約百分之八十四）、圖西族（Tutsi，百分之十五）和特瓦族（Twa，百分之一），最早為特瓦族人棲息地，十六世紀初圖西族人由北方入侵並建立封建王國，以少數民族統治多數的胡圖族及特瓦族，自此傳統上圖西族為地主階級，胡圖族則是牧牛佃農階級。

這精心策劃的悲劇[3]，回溯到十九世紀歐洲殖民帝國入侵非洲，盧安達於一八九〇年到一九一九年間被德國殖民納入德屬東非；第一次世界大戰德國戰敗後，由國際聯盟委託改由比利時託管並納入比屬剛果，這些歐洲殖民者都採取間接統治的方式，把權力交付予相對膚色較淺、鼻樑較挺的少數圖西族，然而其實胡圖人與圖西人之間差異並不大，唯一差別是階級。

2 《盧安達飯店》，二〇〇四年美國上映的一部電影，故事講述盧安達大屠殺期間，當時任職盧安達飯店經理的胡圖族保羅魯賽薩巴吉納，在沒有軍事武力後援的狀態下，設法挽救飯店裡一千兩百多名圖西族和胡圖族難民的事蹟。不過多年後，真實世界的魯賽薩巴吉納因長年反抗盧安達獨裁總統卡加梅，於二〇二〇年八月被指控參與盧安達二〇一八年與二〇一九年的恐攻行動被捕，判刑二十五年，擁有美國和比利時公民身分的魯賽薩巴吉納，傳聞應邀前往蒲隆地談生意，在抵達杜拜後，被騙上一架私人飛機，飛往盧安達首都基加利，遭誘捕，從此被監禁。

3 美國學者艾普斯坦著作《精心策畫的悲劇》書名，詳述盧安達大屠殺黑暗歷史，除了百年殖民下的種族積怨，更因為盧安達政府與圖西族叛軍的政治操弄，加上鄰國烏干達和美國的軍事支援而催化，當時各國維和部隊只有協助撤僑，聯合國總部要求避免一切武力衝突，直到屠殺發生一個半月後聯合國才決定設立難民營和救助站，所有旁觀國的種種漠視最終造成這場慘劇。

直到一九五九年盧安達獲得自治權並舉行選舉，由胡圖族人組織臨時政府，一九六一年廢除君主封建王朝，建立盧安達共和國，胡圖人組成之「胡圖人民解放黨」贏得選舉，其領導人卡益邦達（Gregoire Kayibanda）當選首任總統，一九六二年正式獨立建國。胡圖人掌權後，超過一甲子的積怨，開始施行對圖西族的種族歧視政策，許多圖西人逃亡到北鄰的烏干達，形成流亡社群，部分難民組成武裝組織盧安達愛國陣線（Front patriotique rwandais，簡稱FPR），長年從烏干達邊境入侵和盧安達胡圖人政府相互攻擊，種族衝突不斷惡化。

盧安達獨立建國後，兩族緊張情勢，聯合國因此派遣維和部隊駐守，然而，直到一九九四年四月六日，胡圖族總統哈比雅利馬納（Juvenal Habyarimana）的座機在機場附近遭擊落，隨即引爆原就緊繃的情勢。圖西與胡圖族人相互屠殺，並將屍體丟入萬人塚。由於聯合國指令不當，且會員國對屠殺漠不關心，維和部隊並未干預屠殺進行，終於導致悲劇性的後果。短短百日內，超過百萬人遇害，其中將近八成為圖西族。

我看著展示廳上的照片和說明，胡圖族被迫拿刀砍殺自己的圖西族妻子、鄰居、友人，否則自己也會被胡圖族人一併殺死，圖西族女子被胡圖族人姦殺，還有慘遭被胡圖族人輪姦的圖西族女子自殺，諸如此類泯滅人性的事情，每日每夜血淋淋地發生，日復一日重演了百日才止息。同年，圖西族的盧安達愛國陣線擊潰執政之胡圖族政府，組成臨時政府，近兩百萬名胡圖族人因懼怕圖西族報復，淪為難民逃往鄰國，彷彿能夠預見下一道歷史的輪迴。

佇立在大屠殺紀念館的我，看著眼前這些沒有溫度的文字描述著歷史，我無法想像這種大規模的戰爭、慘絕人寰的殺戮行為還存在這個我們自以為先進、文明的現代社會，直到二〇二二年二月俄羅斯發動特殊軍事行動大舉侵略烏克蘭，簡直不敢想像，歷史已不知輪迴重演了類似的因果故事幾多回，人類身為總是群體失能又失控的物種，始終學不會教訓。

而胡圖族總統哈比雅利馬納當年座機被擊落的地方，現今又成了另外一處紀念的遺址，不知情的旅人來此，可能會以為只是座幽靜的莊園，高聳的樹木替底下青草地遮蔽出一片涼蔭，我看見樹蔭下幾隻傻愣的孔雀，悠哉地閒散漫步穿梭飛機殘骸間，牠們不知道當年在這些殘破鐵片墜地的那一刻，正掀起奪命百萬殺戮事件的序幕。

幾日後，我前往盧安達北境和烏干達相鄰的火山國家公園，途中經過一處紀念遺址，過去這裡是學校，廣闊的丘陵地上羅列著一幢幢獨棟教室，倘若不知這裡是大屠殺的紀念遺址，眼前紅頂白牆建築坐落於遼闊青綠丘陵的景色，讓人誤會自己再次回到托斯卡尼的豔陽下。紀念遺址的觀光客稀少到導覽員一次只服務一組遊客，在我抵達前剛巧有一對白人歐美夫妻結束參觀要離去，導覽員便全程帶領著我參觀，原來那些看起來漂亮的教室裡頭，陳列著大屠殺相關的紀念物品，有幾間「特別」的展示間，平日教室的門都用特殊的鎖拴著，導覽員在門口停下腳步，特地詢問我是否想入內參觀，他開了鎖推開了木門，隱約聞到刺鼻的福馬林味道，我先是站在門口掃視了裡頭，這間教室裡頭只有簡單幾張超大的長方桌，上頭堆滿了被處理過的白骨，導覽員又告訴我，可以進去裡面看，如果不想進去也可以。

一直以來，自以為對於各種事情、各種情緒、各種疼痛、各種恐懼的耐受度很高，我告訴導覽員我要進去看看，沒想到一進到教室裡，幾百具處理過的屍骨經過教室被高溫曝曬半日後封閉其中的濃烈氣味，瞬間鑽入鼻心，我感到宛如喉嚨被強行塞入大型傘狀鈎鉤，然後整個胃和食道被人用力扯出一般，原本以為自己承受得住，一瞬間有逆流的酸味直溢喉嚨，我硬生生地忍住，反射性地憋住氣，強作鎮定地看了幾眼展示桌上的遺骸，有一長桌展示的骸骨尺寸嬌小，都是遇難孩童的遺骨，清楚可見頭顱骨上的凹陷、大腿骨上的斷痕，可以想像他們生前如何驚恐害怕地遭遇痛苦的殘殺。

不到一分鐘，憋不住氣的我忍不住又吸了第二口空氣，那股噁心感已達極限，我人生中第一次顧不上禮貌，直接摀著差零點幾秒就要吐出胃液的口鼻，快步衝出教室，大口呼吸外頭的新鮮空氣，我臉色淒慘難看地跟導覽員說抱歉，導覽員的表情看似見怪不怪了，我這才想起他幾分鐘前剛說過的那句「如果不想進去也可以」，真的並非客套話。那股味道，至今我仍不敢太認真地回想，害怕那個味覺的記憶足以讓我再次反胃。

#面對面接觸，盧安達的黑猩猩、大猩猩

盧安達在遼闊的非洲大陸上實屬小國，土地面積僅為台灣的零點七倍，全國境內海拔在一千到四千五百公尺之間，高低起伏，是個幾乎沒有平坦地區的「千丘之國」，也因此盧安達的氣候

為熱帶高地氣候，無四季之分，僅分為乾季和雨季，境內西北部為火山雨林氣候，西南部為高地雨林氣候。三月到五月是長雨季，尤其四月是高峰，可多達一百五十五毫米。六月到九月中是長乾季，十月到十一月是短雨季，十二月到二月是短乾季，一般而言，旅客大多喜愛選擇乾季前往，雖然雨林的氣候終年都是隨時可能會有變化，不過乾季下雨的機會少很多，原始雨林裡健行若是遇到下雨，除了拍照的光線較差、要防護相機以免淋雨，途中的路會變得非常泥濘，著實折騰與消耗體力。

我選擇在長雨季高峰的四月，義無反顧地前往非洲火山原始雨林健行，理由無他，現在「有機會能去，只要去得了的當時就是好時機」，就像疫情肆虐全球時，只要打得到的就是好疫苗一樣。雖然能預期可能進山的路途泥濘不堪，雨季前往的好處是，雨季期間動物的食物來源豐沛，動物較為活躍，而且高山上的氣溫較低，因此大猩猩家族較容易會待在相對低海拔的區域活動與覓食，也就是遊客相對較有機會不必健行到高山上便能找到大猩猩家族，這點實在太吸引我了，其實除了不愛潛水，我也討厭登山，說出來身邊認識我的人都不相信，而我上山又下海全是因為可以拍攝自己親眼所見的景色。除此之外，正因為雨季非旺季，這期間盧安達境內旅館價格較低，也相當容易預訂，不過銀背猩猩健行的火山國家公園單日門票倒是終年不二價的昂貴。

在真正前往看銀背大猩猩（Gorilla）前，我先來到盧安達西南部的紐格威國家公園，入住蓋在國家公園範圍邊界上的森林飯店，飯店主建築群坐落在一整片紅茶園中的丘陵上，這裡相當靠近黑猩猩（Chimpanzee）的棲息地，從這裡出發前往尋找野生黑猩猩的健行山區距離不遠，黑猩猩是DNA與人類最接近的靈長類，黑猩猩和大猩猩是全然不同的物種，黑猩猩動作靈活迅猛，會獵食體形比他們小的哺乳類動物甚至像是猴子，整個半日尋找黑猩猩的健行活動，即是在這座海拔介於一千六百公尺到兩千九百五十公尺的國家公園森林裡穿梭。

背著相機氣喘吁吁地在森林裡上下坡，約莫三分之一的路程是穿越在看不出路徑的樹叢，黑猩猩們在濃密的樹林裡呼嘯而過，找到牠們的蹤跡前，我們跟著國家公園導遊不停地換路線上下坡，發現蹤跡之後，則是跟著牠們的移動方向全速地衝刺，直到牠們大發慈悲地願意在某處停下腳步休息，通常牠們會待在與人類保持一段距離的樹上，倘若人類太過靠近，牠們會離開或是攻擊，導遊提醒大家保持距離，因為無法預料眼前的這群黑猩猩老大這回選擇離開還是攻擊。

好不容易黑猩猩終於停止移動，剛結束兩小時的有氧運動，接下來是無氧重訓的階段，想要拍攝黑猩猩的話，建議需要攜帶望遠鏡頭，緊接著必須手持相機加望遠長鏡頭屏息注意著黑猩猩的一舉一動，黑猩猩停留的地方，光是腳要站立的空間都顯得侷促，在隨時要待命移動、瞄準目標高低變動範圍角度很大、沒有穩固平整立面的狀態下，想要使用腳架顯得不甚實際，這與前一年在馬達加斯加拍攝狐猴簡直沒兩樣，差別只在從拍攝狐猴的經驗我學會放棄企圖使用單腳架，還有這裡的活動海拔更高，環境更加潮溼，人更喘、手更痠、汗更溼，還有花更多錢。

此篇章一開頭第二段末便提過，這次沒有找旅伴，是因為不預期能在如此短暫的時間裡，臨時找得到剛好有假、有錢、有體力、有興趣去非洲的野地山林裡勞累受苦找猩猩的人。我抖著手，卻興奮地對焦狂按快門，瞇著一隻眼，對著鏡頭中認真抓身上跳蚤的呆萌黑猩猩，忍不住嘴角上揚噗嗤笑出。心裡想著，還好，要是真的臨時找了哪個不夠一樣瘋狂的朋友一起來，結果花了幾十萬把自己搞得汗流浹背、花容失色，我這個朋友大概在她心中會永久黑化了吧。

兩天後，抵達盧安達西北部的火山國家公園，我先是參加了這裡的銀背大猩猩健行，幾日後進入烏干達，從姆加新加國家公園（Mgahinga National Park）又參加了第二次大猩猩健行。猶記得抵達位於靠近盧安達火山國家公園的度假旅館，房間是石板蓋的獨棟屋子，我走出房門，眼前是一大片開闊而潮濕的草地，站在房門口能看見不遠處的火山群嶺在繚繞的雲霧中若隱若現，我聯想到侏羅紀公園，假使此刻從屋旁的樹叢裡竄出一隻恐龍，一點也不違和。

盧安達火山國家公園裡，在二〇一五年的統計資料中，有十個已經適應人類的大猩猩家族，當年出國前查到的資料數據是七個家族，顯然是舊的資料，每五年會重新計算這個火山區域大猩猩的數量，火山國家公園官方網站二〇一五年的資料有十個大猩猩家族，每個家族每天限制一組人最多八名遊客可以健行前往追蹤大猩猩，至今二〇二二年網站上公告的統計數字是相同的，看來疫情這幾年大猩猩家族數並沒有增加。參加大猩猩健行的當天清早六點半就需在健行總部集合，每天早上約莫會有七、八十名的遊客在此集合，較善於行銷觀光的盧安達，蓋了一個斗大的亭子，提供茶點、咖啡給遊客，竟還有傳統歌舞表演，清晨六點五十五分抵達，亭子裡早已聚滿準備要健行的遊客了，而總部的幹部就是利用這段時間統整報名當天健行的遊客名單，並進行分配分組，七點半左右分配完成，再各組帶開做行前說明。七點四十分，各組開車前往個別的健行登山口，我這一組開車到出發口時已約莫早上八點半。

盧安達大猩猩健行的工作人員身穿藍色的制服，提供大家上面雕刻有黑猩猩的健行木杖，行前說明並不像烏干達會特別強調說明攜帶食物，可能因為過去平均健行時間通常在午餐前結束，不過野生世界其實難以預期，行程有可能會延續到下午，我決定身上還是攜帶些糧食，路程可能相當消耗體力。畢竟大猩猩是野生動物，每天都會覓食遷移，參加的遊客不會知道的秘密是，原則上分配時，工作人員會考量到如果有比較年長、體弱的健行參加者，總部會依據前一天發現大猩猩家族的位置，把年長者、體弱者分配到預估今日健行距離較短的組別去，但是每天都還是會變化，有可能前一天走了三個小時才找到的家族，隔日移動到走一小時便能找到的地方。

在盧安達這天，我被分配在其他都是三十歲上下的年輕人組別，注意到有個東方面孔，是名日本女生。當天走了兩個小時才找到大猩猩家族，加上待在大猩猩家族旁邊的時間規定的一個小時，所以從出發到走回健行出發點來回是五個小時。如今提筆寫作的當下說來輕鬆，而當時實際的情況是這五個小時背著單眼相機汗流浹背，在海拔二千五百公尺到二千八百公尺之間不斷地上坡下坡，中途經過許多泥濘的地方，一腳踩進泥巴會下陷，一路得非常小心地隨時平衡身體，每一步把腳從泥巴拉出來相當耗體力。我原先以為體型纖細也是一個人來盧安達的日本女生麻衣，體能大概和我相當，未料她沒有聘請挑夫，從頭到尾自己揹背包，在這非洲火山雨林裡負重健行走得游刃有餘，顯然體能上是不同級別的人物。

比起在紐格威國家公園黑猩猩的棲息地健行，這裡有更長、超過一半的時間是得走在看不出來像路的地方移動，尤其找到接近大猩猩的最後半小時路程，這裡所謂的路，倒不如說是前哨追蹤者拿把開山刀一路劈斬出來「某個意義上的暫時軌跡」；所謂的路，在小組裡最後一名遊客踩踏過之後隨即消失，看不出來是路的「路」。

終於，我們小組走到據說已相當接近大猩猩家族的地方，這天我們尋尋覓覓的家族是阿曼赫羅（Amahoro group），意思代表「和平」。導遊指示我們在一處踏實稍有平坦地面的草叢上集中放置背包和登山杖，尤其任何的棍棒狀物品不能隨身攜帶出現在大猩猩面前。

約莫還距離二十公尺，便看見一隻壯碩的公銀背猩猩，窩在陽光照耀下青綠得刺眼的植被上，牠停下手上進食的動作，打量著我們一群人，牠一副沒有要離開的意思，沒一會兒光景，就對我們失去興趣，自顧自地繼續吃了起來。我們小心翼翼地在詭異的植物平面上移動，我看著開路的人往令人匪夷所思的茂密植物叢前進，心中不禁吶喊著「等等，那真的能走嗎？」，然後下一刻我踩在看似植被茂密的地方，旋即下陷及腰，身旁密布著俗稱咬人貓的蕁麻，陷落的瞬間反射動作去抓旁邊的東西做支撐，雙臂雙掌都狠狠地和蕁麻摩擦，刺麻不已。兩名挑夫合力把我拉上來，下一秒，跟在我後頭的大個兒瑞典男生也陷落在同一個位置。

整組人馬緩慢移動，繞過一處遮蔽視線的樹叢，便看見這個銀背猩猩家族的其他成員們，有些大猩猩慵懶地窩在植被上做日光浴，從牠們睥睨的眼神中，我彷彿聽見牠的心聲：「這些身體沒毛的傢伙們又來了啊。」一旁還有雌性大猩猩帶著小猩猩，小猩猩天真爛漫，一會兒和媽媽打鬧，一會兒好奇地想伸手摸我的鏡頭。近距離看，牠們的體型著實巨大壯碩，能夠這樣和野生動物和平地共處在一個如此靠近的時空，一時間有股莫名的感動湧上。

二訪大猩猩

在盧安達的火山雨林與「和平大猩猩家族」近距離會面後，在自己人生清單上多打了一個已完成的勾勾，離開盧安達前的最後一天，搭了船一遊位於剛果金和盧安達邊界的基伏湖（Lake Kivu），特地趕在午後暴雨落下前，在盧安達和剛果金的邊境拍了幾張照，沒意外的話，剛果金是極少數我真心認為這一世不會造訪的地方，相較之下，南極、格陵蘭、福克蘭群島、馬達加斯加、加拉巴哥群島這些地方，我倒是堅信此生一定都會再訪。人生難料，小時候的我想都沒想過，未來的我三十幾歲前，竟會已經進出北極圈超過三十次。

離開盧安達，越過邊境就進入烏干達了，時差一下子快轉了一個鐘頭。烏干達土地面積為台灣的六點六倍大，地幅相對盧安達廣闊許多，境內的地形與氣候變異較多，境內平均海拔落在一千到一千兩百公尺，稱得上是個多湖的高原，西邊與剛果金邊界有非洲第三高山海拔五一〇九公尺的史坦利山，東南邊有非洲第一大、世界第二大淡水湖維多利亞湖，赤道線劃過烏干達南端，所以國境一小部分位在南半球，大部分位在北半球。

起初想要前來烏干達還有另外一個原因，距離烏干達大猩猩健行所在的姆加新加國家公園（Mgahinga National Park）的北方，有座布恩迪國家公園（Bwindi National Park）又名為「難以穿越的國家公園」（Impenetrable National Park），不記得從前在哪集動物星球頻道初次聽見這個地名，反骨如我，既然名之為難以穿越，就更讓人想要親自去穿越看看，當時看著電視節目，心想總有一天我一定要去穿越。

一進入烏干達境內，邊境小鎮路上的交通狀況明顯和盧安達境內迥異，路上塵土飛揚，路面不平，路邊出現亂丟的垃圾，街上摩托車騎士幾乎沒人戴安全帽，連行人過馬路都沒有秩序。我在路邊隨意走走等待地陪導遊進銀行裡領錢的短暫時間，就被三個不同的路人用奇怪口音的英文討錢，其中一人輕挑地搭訕示愛，更甚者，路上一男一女警察路過，女警還走在約莫一公尺外的距離，男警故意靠近我，降低音量地說："I want to apply for your boyfriend."（我想申請做妳的男友。）對烏干達的第二印象，瞬間崩盤。

關於對烏干達崩潰的第一印象，來自我的司機兼導遊Ken，他是烏干達人，一路從盧安達首都基加利認識他的第一天起，他有許多天兵行徑，惹得我相當惱怒，例如在盧安達境內時，他比我更像個遊客，幾乎每個景點要身為客人的我替身為導遊的他用手機拍到此一遊照，或是身為客人的我已經逛完博物館，得在炎熱的停車場，等候身為導遊卻姍姍來遲、未在約定時間出現的他逛完，諸如此類的事情，族繁不及備載，這也是我人生中唯一一次對導遊感到不滿，以至於行程結束前，寫了一封字數長達三千的英文抱怨信給聘雇他的約聘合作旅行社，陳述了令我不滿的各種實情，說來可笑，寫論文都還沒有這麼認真呢！旅程一開始的第二天，我便寫電子郵件反應，旅行社回覆因為人力的關係，無法臨時調度到其他的導遊接手，後續的行程我嘗試做各種自我心理建設和調適。

我只能想辦法讓自己嘗試轉念，把想法專注在值得的事物上，而變得更加期待接下來的每一趟健行，唯有健行時的幾個鐘頭，不用和導遊講話，能夠遠離怒氣的製造來源者，保持距離和轉換置身環境，永遠是從陰鬱、低潮、憤怒或是悲傷情緒中走出的最好方法。

一直以來，出遠門旅行總是我遠離充滿爭執、嘈雜、負面能量工作環境的有效方法，只是未料這次的旅行，意外又悲慘地從一個負面能量的大坑，跳進另外一個始料未及的大坑。如今回想，這也是人生難得的經驗，倒是倘若能有所選擇，我仍舊希望不要有這些插曲嵌入這段旅行，所幸盧安達和烏干達旅程本身所創造的美好，遠大於天兵導遊所誘發的怨念。

扣除掉前述情事，烏干達本身不失為觀光自然資源豐富、相當值得前來的國家。除了和盧安達一樣能夠進行火山雨林銀背猩猩健行，此外還有能夠觀賞到各種靈長類的國家公園、同時擁有東非草原地形的國家公園，如果僅有一趟非洲旅行的假期時間和預算的話，烏干達既能體驗盧安達的火山雨林以及肯亞的非洲草原風情，還能在這個多湖的高原參加遊湖體驗，我在烏干達的伊麗莎白國家公園裡，搭吉普車覓得一頭母獅帶著四頭小獅子在樹上休憩，這裡是世界上少數地區野生獅子會爬樹的地區，我也在烏干達的姆布羅湖國家公園（Lake Mburo National Park）裡騎馬，一睹成群的斑馬、瞪羚從身邊奔馳而過，享受黑面狷羚、水牛、南非大牛羚悠哉地在草原上覓食的時光。

和盧安達比起來，烏干達國家公園大猩猩健行總部，顯得簡樸許多，健行遊客總數亦沒有盧安達那麼多，由於健行出發口距離較近，早上八點集合即可，概論性的行前說明結束後，一樣需要等候分配組別，然後再進行各組行前說明。烏干達大猩猩健行工作人員穿綠色的制服，提供的木杖是較輕、造型簡約的木杖，木杖雖然毫無特色卻實用得不得了，盧安達健行提供的木杖頂頭有精緻的雕刻，木杖材質紮實而沈甸甸，在山頭裡泥濘路走不到半程，便想把這中看不中用的杖子扔下。

行前說明時，國家公園導遊會先行告知，如果參加健行的遊客有感冒症狀或其他傳染性疾病，譬如疥瘡[4]，需事先告知並終止健行，可以退回百分之五十的票價金額，倘若出發後，因體力不支而無法完成健行，便無法退款，過去曾經有大猩猩家族被人類感染疥瘡的案例。另外若是當日行程沒有找到大猩猩，也可以退費百分之五十或是隔天免費再來一次！由此點，推估烏干達銀背猩猩健行的整體目擊率沒有盧安達高，也可能是為了增加相對於盧安達猩猩健行的優勢，吸

4 疥瘡（Scabies），是由疥蟎在皮膚表皮層內引起的接觸性傳染性皮膚病，症狀為嚴重搔癢和因疥蟎在皮膚層裡移行造成泛紅丘疹，特別喜愛寄生在像包括手指間、腳趾縫、腋下、腰、乳頭、陰莖、屁股等人體皺摺處及柔軟的地方。疥瘡對哺乳類感染有物種特異性，人疥蟎曾被報告過從人類感染給靈長類的案例。

引遊客前來烏干達看猩猩，因此貼心提供半價退費或再來一次的優惠。

這天在烏干達的大猩猩健行，我們竟然走了大約二十五分鐘，便找到大猩猩家族，加上能夠待在大猩猩旁觀看的時間，來回僅約兩小時！上午十一點不到就回到健行總部，工作人員都大為吃驚，這是破天荒的紀錄，我想起台灣友人早我兩年來烏干達尋找銀背猩猩的經驗，那一回她在下雨的高山雨林裡總共穿梭了九個小時才走回來，體力很好的她也大喊吃不消。原本這是這趟旅程中所安排眾多健行的最後一個，體力、肌力、精神力已瀕臨極限，前一晚自我心理建設了許久，已經做好奮戰一整天的心理準備，卻沒想到很快就完成回來，感動不已，有一組隊員直到下午三點半才回來，也就是他們總共在山裡上上下下走了六個半小時！

野生的大猩猩，生性溫馴害羞，正常來說，若是人類接近的話，就會離開遁入森林深處，而為何健行的遊客前往觀看大猩猩他們卻不會跑走，是因為從九〇年代開始，透過「適應人類計劃」，讓大猩猩習慣人類的出現。起初是一組六位成員，當地深膚人種，穿著綠色服裝，不攜帶任何物品包括木棍、槍，簡直冒著生命危險的方式，每天找到目標的大猩猩家族，待在大猩猩家族的附近數個小時，假裝在吃樹葉、植物，其他什麼事都不做，每天重複這樣的過程，長達二年，接近大猩猩的距離，逐漸地由遠而近，直到大猩猩習慣人類出現在牠們的周圍。接著，嘗試將其中幾位成員改為白膚科學家或是其他研究員，即是所謂的仿冒健行（Mock trekking），成功了之後，這些習慣人類處於同個場域的大猩猩家族們才開放給觀光客健行追蹤。

在盧安達、烏干達、剛果這個火山區的大猩猩，過去曾經發生過原住民攻擊大猩猩的事件，因此大猩猩起初對人類是有攻擊性，尤其是黑膚人種，據說一開始訓練大猩猩習慣人類時，大猩猩看見白膚人種和黑膚人種的反應不一樣。這個計劃的初始目的，是為了研究以及保育大猩猩，並非單純希望發展觀光，然而保育大猩猩需要經費，同時原本和大猩猩們共同使用當地森林資源的原住民，被驅趕離開到保育區的外圍生活，靠觀光收入來補償他們，增加他們願意配合保育大猩猩棲地的意願。

關於大猩猩適應人類計劃，在網路上僅能夠查得到相關概略的說明，我能夠知道這些詳細的細節，是因為我的天兵導遊竟然正是當年這個計劃裡的一員！雖然因為他，我一路在生氣，倒卻真的辛苦他當年在大猩猩面前演吃葉子演了兩年，今日的我才能有機會如此近距離接觸野生大猩猩。

然而在我能夠親眼見到高山大猩猩的此刻，真正要感謝的，是《迷霧中的大猩猩》Gorillas in the Mist 一書作者戴安佛西（Dian Fossey），她於一九三二年出生在美國舊金山，因動物學家喬治夏勒（George Schaller）寫的《大猩猩之年》（The Year of the Gorilla）一書，對非洲野生動物心生嚮往，於一九六三年貸款前往非洲旅行，此行遇到了著名的人類學家路易斯里奇（Louis Leakey）向她介紹了珍古德（Jane Goodall）進行的黑猩猩研究工作。爾後里奇於一九六七年提供前往非洲研究大猩猩的工作，開始佛西在盧安達維龍加山脈裡長達十八年的大猩猩研究，因她激進兇殘、俱爭議的反盜獵抗爭行為，諸如砍下盜獵者手掌當煙灰缸、綁架盜獵者小孩、抽打盜獵者生殖器等行為，一九八五年被人發現被謀殺死於自己保育營地的小屋內，但因她當年激烈的行動才得以獲得遠比政府組織有效的反盜獵，使當年世上僅存約兩百隻高山大猩猩，得以復育至今約九百隻的數量。

我們現今所旅行的世界，都是前人的所作所塑造成形的，是否應該思考，我們現在的所為，又將會替未來的旅人塑造出如何的世界。

我從盧安達、烏干達回來後，隔年二〇一七年，原先盧安達火山國家公園單日門票從七百五十元美金漲到一千五百元美金，烏干達布恩迪國家公園單日門票從五百元美金漲到六百元美金。如果當時再猶豫著是否要等乾季再去，可能一拖就要花將近兩倍的入門票錢才能拍攝到兩國的銀背猩猩，也非常可能一拖就遇見全球新冠疫情，等到下次的「有機會再去」，不知幾十年後的退休年紀，或是下輩子了。

所幸，當年的我已頓悟，有機會能去、去得了的「當時」，就是前往的最好時機，無論晴雨皆是。

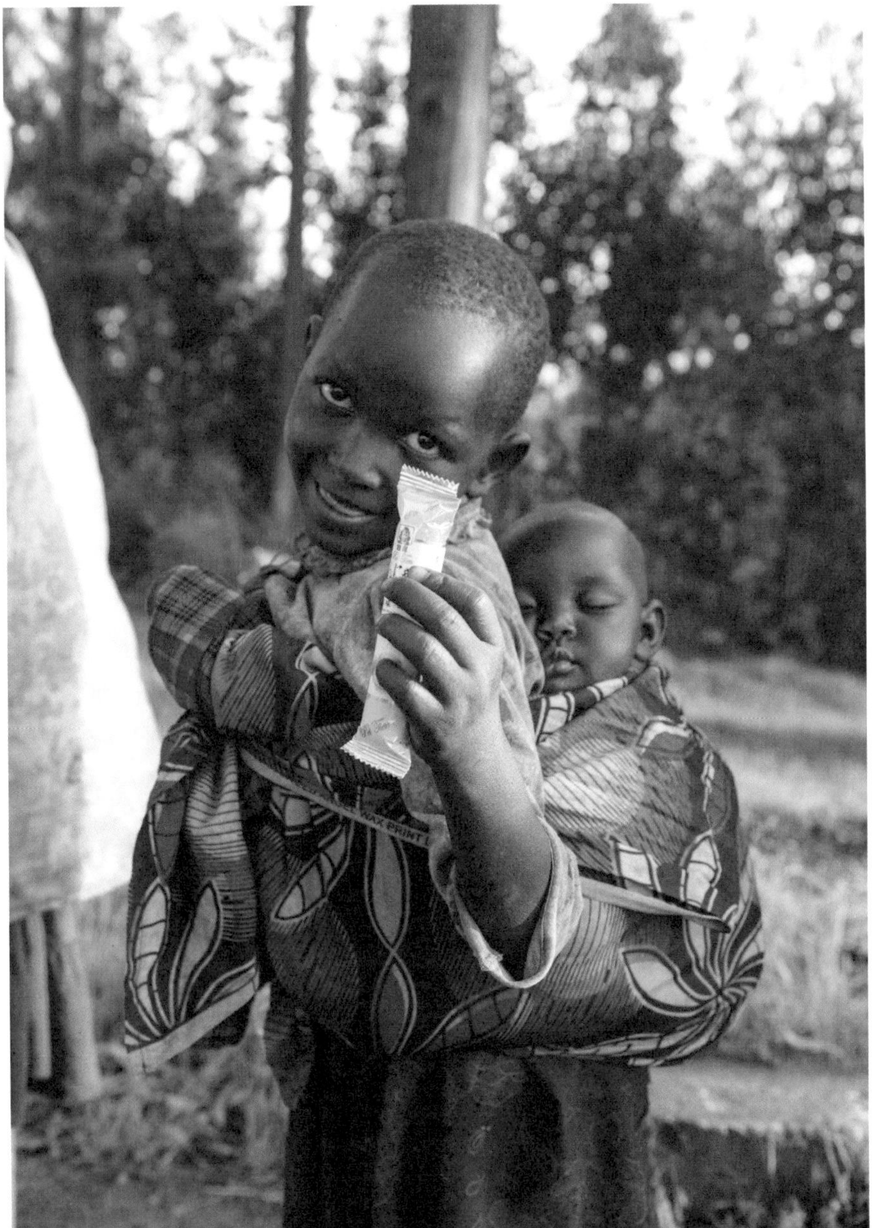

在盧安達路邊遇到背著小嬰兒的小女孩，其實我不清楚，她背的小嬰兒究竟是她的弟妹還是她的小孩，我送了她上頭印著「台灣」的米果餅乾。

盧安達首都基加利機場，機場大廳外停放的救護車。

盧安達種族大屠殺紀念館裡的紀念塚。

盧安達國王養的聖牛，特殊品種的牛隻，擁有線條美麗的巨大牛角，在盧安達，牛隻的地位相當崇高。

胡圖族總統哈比雅利馬納當年座機被擊落的地方，現今成了一處紀念的遺址，傻愣的孔雀，悠哉地閒散漫步穿梭飛機殘骸間，牠們不知道當年在這些殘破鐵片墜地的那一刻，正掀起奪命百萬殺戮事件的序幕。

盧安達街景，馬路上的車輛極少，經過村莊可見多數人都是步行。

離開盧安達首都市中心，路上經常出現吐黑煙的烏賊小巴士，許多汽車沒有空調，會開著車窗，原本以為是不太有工業污染的非洲淨土，其實旅行期間，經常會吸廢氣。

大屠殺紀念遺址所在地，坐落在海拔一千多公尺的丘陵地，景色優美，走進裡頭才了解此處的一景一物，幽幽地傾訴過去歷史的哀愁。

紀念遺址的展示室由廢棄的學校教室所改建，進到高溫的室內，迎面而來的是受難者所遺留下刺鼻而陳腐的衣物。

穆拉比大屠殺遺址園區裡的這些紀念塚裡，長眠了五萬人。

在盧安達的紐格威國家公園，參加黑猩猩健行，從停車處開始走入山林，全程都在像這樣連路都沒有的野生林地間上下穿梭，追蹤不斷移動的野生黑猩猩，頗耗體力。

真正現場目睹黑猩猩的距離，由於黑猩猩是具有攻擊性的獵食雜食性動物，無法靠黑猩猩太近。

使用望遠鏡頭拍攝黑猩猩的畫面，必須克服他們高速在樹叢間的障礙，很容易錯誤對焦在他們身處環境周圍的樹葉上。

從盧安達國家公園的健行總部出發，走到沒有防護的火山野生山林前，會經過當地村莊種植具有驅蚊功效的小白花田，一名正在採收的小女孩羞怯怯地對著我的鏡頭笑。

我們找到野生銀背大猩猩家族，接近他們所在的地方附近，我們的腳都無法踩到土地，直接行走在密集的藤蔓植被上，前進的路是前哨員用開山刀所劈砍出來，一不留意可能直接踩落下陷到植被間。

盧安達火山國家公園的入口，這裡是盧安達進行銀背大猩猩健行的所在地。

高山大猩猩母子悠閒地做日光浴，大猩猩寶寶在
媽媽的懷裡耍賴撒嬌。

好奇心旺盛的年幼大猩猩寶寶，跟隨著爸媽離開，還不時回頭偷看我們這些奇怪長得白白的人類。

烏干達姆加新加國家公園健行遇見的當家銀背公猩猩，正在剝啃樹皮，烏干達此處的山林濃密霧氣較重。

烏干達境內有許多湖泊，倘若不說是在非洲，會讓人有種身在東南亞的錯覺。

烏干達姆加新加國家公園的高山銀背猩猩健行總部，出發前集合所有參加者說明活動進行的細節。

17

二〇一六年九月 東加王國

第一次在海洋裡與野生鯨魚共游

「海面上遠處的白色浪花，
時不時像渣男的話術般矇騙大夥的眼睛，
一瞬間容易讓人誤會成噴氣而小小悸動，
下一刻看清現實的剎那，小小失落接踵而來。」

Kingdom of Tonga

紐西蘭-東加

2016、8/22-9/5-9/20

#追逐鯨翅拍起的浪

二〇一五年的夏末初秋，神經外科小毅學長在臉書上發了一系列大翅鯨的照片，他描述著，在他面前一躍而起又落下的巨大生物給予他的震撼，透過他所拍攝的畫面，彷彿當時巨鯨落下海面掀起的巨大浪漪，那瞬間，同時將我淹沒。

「啊，好好喔，可以在海裡跟鯨魚一起游泳！我也好想近拍水下的鯨魚喔。」看著認識的人所拍攝的照片，也想要近距離追逐鯨魚的念頭跟著旋即萌生，近似沙塵暴般襲捲我的意識中樞，讓我壓根兒忘記自己當時連續游不超過二十五公尺的游泳能力，讓我忘記自己只能在腳踩得到底的人工水體游泳，讓我忘記我只能靠救生衣和潛水浮力背心讓自己漂浮在大海上，強烈的慾望漩渦將理智攪拌渾沌，一下子讓我全然忘記自己不諳水性且恐水的弱點。

我強烈好奇學長打卡的地點，查看了一下，在東加王國。東加王國？這個地名，在我腦海中是全然空白的意象，憑空想像的話，名稱讓我誤以為在加勒比海的錯覺。著手查詢，才發現是坐落在廣大南太平洋一隅的島國。

每一次，一旦有什麼契機開啓了我心中的開關，總是難以輕易關掉。首先我開始查找關於東加王國的旅遊資訊，進而發現東加王國蓬勃的賞鯨觀光活動，搜尋資料的過程當中，發現了一位至關重要的人物，當時還不知道Ray後來會成為開啓我人生「海平面世界」旅遊的關鍵。

Ray是台灣水下鯨豚攝影師的第一把交椅，當時在網路上發現近期有一場在台南的演講，旋即排了休假，當日搭高鐵來回前去聽演講。現場演講投影片裡的畫面，是眼前活生生的演講者親手帶回的影像，他仔細分享著一張張精彩照片的背後，實際上需要如何安排行程和出海運作。演講結束後，我攔著Ray問了許多實際在當地出海拍攝的相關問題，彷彿和鯨魚一同游在大海裡的樣子，不再只能是電視螢幕上發現頻道（Discovery）裡的畫面，鯨魚似乎離我越來越近。

很快，我便決定隔年九月南半球的初春時節，跟著Ray前往東加王國。然而就在決定加入後，越來越多行前準備的資訊，才越來越清楚意識到一件恐怖的事實：我從來沒能夠只穿著泳衣在海裡游泳！一心想著和鯨魚游泳如童話故事裡的夢幻美好，完全忘記現實中的殘酷。

#機會，永遠是給準備好的旅人

自助旅行可以是各種形式以及各種主題，我大致將其分為幾種類型，在文明世界活動的自助旅行是屬於最容易上手，指的是活動範圍在城市、城鎮裡，基本上只要有錢甚至即便身無分文也不太會餓死、渴死、凍死，需要注意的最大危險是懷有惡意的人類，要注意是否有圖色圖財的壞人，在城市裡的自助旅行，即便是身上所有值錢的東西都被偷被搶了，還是能找到警政單位的人幫忙。

另外一大類便是在大自然領域活動的自助旅行，其中又分為一般戶外活動、極地戶外活動、荒野戶外活動、極限運動戶外活動，不論是哪一種都必須要自行注意天氣、保暖、食物、水是否攜帶充足，否則可能會遇上對身體危害的事情，像是被野生動物攻擊、迷路、失溫等等。

一般戶外活動像是走國家公園步道，可能遇見野生動物但是有人工規劃好的路徑，基本上相對安全；極地戶外活動的自助旅行，由於天氣條件嚴苛，像是寒冬夜晚前往極圈拍攝極光，可能會遇上攝氏零下三、四十度的氣溫，對於夜間雪地駕車安全、保暖等安全的注意條件要求更高；荒野生態活動的自助旅行，像是前往挪威斯瓦爾巴群島看北極熊、盧安達高山雨林找野生大猩猩，勘察加半島看野生棕熊，更需要具備對當地地形氣候、動物習性熟悉的專業人員帶領，如果沒有荷槍的保巡員，或是像雪橇摩托車或汽艇等特殊交通工具，無法前往；再來就是極限類的戶外活動自助旅行，像是有人到世界各地攀岩、氣瓶潛水、自由潛水、衝浪、划海洋獨木舟跳島旅行、駕駛帆船橫渡海洋，對於事前準備和自身安全求生能力的要求則更高。

大約在二〇〇八年前往新疆以前，我的自助旅行大致上都在人類文明設施唾手可得的範圍活動，但在新疆第一次感受身處在「最近有屋子的地方在超過一百公里以外」的地方，二〇〇九年前往冰島，二〇一〇年前往南極，開始前往許多越來越難以一般大眾交通能夠輕易抵達的地方，或許正是不容易抵達，當踏上目的地的那一刻，那種感動是無可取代的。

決定前往東加王國和鯨魚游泳後，首先是研究了解和野生鯨魚近距離接觸的安全性，與說服我阿爸和鯨魚游泳這件事是安全可行的（以及確實地保高額出國旅遊意外險），再者，對我而言最重要的是，克服跳進大海裡的心理恐懼。

在深入瞭解以前，網路上查找旅遊資訊，經常出現以與鯨魚共潛（diving with whales）這樣讓人誤會的曖昧用詞，因為我儘管游泳技術趨近於零，還是能夠咬著呼吸管呼吸和控制潛水背心浮力，對於背氣瓶下海深潛不成問題，在前往東加王國前，即使對於潛水沒有特別的熱忱，幾年來為了拍照陸陸續續累積約莫五十支氣瓶的潛水經驗。

然而實際與Ray交流過後，才知道在東加海域下海拍攝鯨豚實際上該正名為與鯨魚浮潛（Snorkeling with whales）或是與鯨魚共游（swimming with whales）才對，背氣瓶吐氣泡的動作，本身是對這偉大的海洋哺乳類生物威嚇的行為。只有研究人員在較低溫環境或較深海域，需要長時下潛觀察或拍攝，不得已之下，才會在允許限制少數研究員的情況下，背氣瓶潛水靠近鯨魚，在國家地理頻道裡頭看到一些拍攝影片便是如此。觀光產業的水下賞鯨，不允許每天一群遊客背著氣瓶對鯨魚吐氣泡，我想如果我是鯨魚，大概也會惱怒不已吧。

當我得知無法背氣瓶下海的那一刻起，光是想像模擬實際跳進海裡的光景，即感到不寒而慄。為此，決定要前往出發的九個月前，開始練習游泳，不過想想這緩不濟急，也不確定自己能進步到什麼程度，為了以防萬一，我同時提前去訂做了一件厚度極厚的防寒衣。

「妳要去寒帶地區潛水嗎？」防寒衣店家老闆聽見我要訂製厚度七毫米的防寒衣時，滿臉好奇地詢問我。

「不是誒，我要去東加王國跟鯨魚游泳。」

「東加王國？」

「在南太平洋上的國家，紐西蘭的東北邊，靠近赤道。」

聽聞我此言，我感受到老闆些許傻眼的微停頓。

「呃，七毫米的浮力非常大，會潛不下去，妳說的地方應該穿三毫米的就夠了。」

「我就是怕沈下去，浮力越大越好！」

我任性地直接無視老闆的建議，對於屍沈大海的擔憂，遠勝常人的理智判斷，與其說我訂做防寒衣，倒不如說，其實我想訂做的是一件具「顏質擔當」的救生衣，想以浮力超大的修身防寒衣來當好看的救生衣，儘管泳技不如人，仍希望能夠以優雅的姿態漂浮在海上。

確保自己能夠浮在海面上之後，再來希望自己也能夠留下親眼見證的影像紀錄，準備合適的水下攝影器材，熟悉操作，又是另外一個課題，也同時是另外一個嶄新掏空口袋的課題（已笑著流淚）。

#從海島到海島

二〇一六年，當時前往東加王國的班機，能經由紐西蘭或斐濟轉機，經由斐濟的航班班次較少，我選擇從紐西蘭轉機前往，時值南半球的八月冬末時節，順道先一個人前往紐西蘭拍攝南極光，人生中第一次獨自租車右駕，也是我此前十趟極光攝影旅行，唯一一次沒能拍到華麗極光的極光旅行，顯得南極光更加可遇不可求。

前一次來到紐西蘭，是二〇〇二年人生頭一回自助旅行，時隔十四年，如今的我再也不需要半年前仔仔細細地規劃每個住宿停留點，再也不需要將所有行李背在背上移動，再也不需要謊報年齡只為了省半票的錢。

如今的我，只需要出門前兩週，先研究決定想去哪裡收集拍攝紐西蘭特有的黃眼企鵝以及僅分布在紐西蘭與澳洲南部的小藍企鵝，再決定要去紐西蘭第三大島史都華島拍攝野生奇異鳥，決定哪裡比較有機會拍攝到南極光，打開訂房租車網站，動動手指，便能在紐西蘭唯一的城堡裡住上一晚，在城堡裡享用幻想自己是貴族的燭光晚餐，用餐間和紐西蘭老夫婦一席閒聊，得知他們的女兒在南極科研站當酒吧侍者，原來在南極工作不一定需要當科學家，人生可以有很多超乎想像的選擇。如今的我，只需滑滑網頁，便能一個人住在臨著港灣、前有花園、後有山坡的三房一廳公寓，清早換上跑鞋沿著灣岸慢跑，偶然看見路旁有提供騎馬的馬場，盤算著移動住宿點前的這兩天有空檔，記下電話號碼，回頭慢跑結束打電話預約便去沙灘騎馬。

有些事情當下不做，以後或許就再也不會做了。

我很慶幸十九歲時的我，有機會、有傻勁兒就那樣出門了，因為現在的我再也無法如同當時的心境，不再能夠對「背著十五公斤的背包走上一小時的路程」所省下的幾十塊錢台幣甘之如飴。離開紐西蘭，飛往東加王國與Ray和其他人會合的途中，我心想，或許現在我也是和當年一樣，依然正做著假使現在不做、以後再也沒有機會做的事情。

透過飛機上小窗，視線穿透白色雲霧光氣後，映入眼簾的是宛如貝殼般的島嶼，鑲嵌在深深淺淺蔚藍的海洋上，啊，我來到一個四面環海的島國，每每只有在從桃園搭機出國時，從飛機上看見逐漸縮小的海岸線輪廓，才醒悟自己生長在一個四面環海卻又被消波塊包圍的島國，我只是從一個島國到另一個島國。

#慢速播放的日子

抵達東加王國首都努瓜婁發所在的第一大島東加塔普島，進了海關，走出機場建築，眼前的世界畫風簡直就像一下子從巴比松畫派，轉變為高更的大溪地系列後印象主義風格。入境時身邊提領行李的遊客，開始出現無袖短上衣短褲的草帽客。持台灣護照入境，必須事先將規定的資料寄到東加王國外交部電子信箱申請簽證許可，收到核發簽證的電子信件後列印下來，入境時提交並繳交六十九元東加幣簽證費。

我在機場入境海關後和Ray以及接下來兩週的船伴們碰面，剛結束紐西蘭一個人開車、一個人等極光、一個人拍企鵝、一個人健行看野生信天翁、一個人騎馬、一個人半夜找野生奇異鳥的旅行，一下子不太習慣有人跟我講中文，以及上廁所時不需要背著自己全身的隨身行李，有點感動。東加塔普島是全國最熱鬧的第一大島，這裡也有船家與旅行社經營水下賞鯨的觀光事業，不過我們此行的目的地是更北方的第二大島瓦瓦烏島，必須再轉乘國內線班機，在瓦瓦烏島有較穩定的鯨況。

從國際線航站到國內線航站，直線距離約五百公尺，可以選擇在烈陽下穿越草地步行過去，或是選擇搭乘航站門口站前的計程車，這裡的計程車統一價格一人五元東加幣，不需要擔心被誆騙或是花費唇舌講價，對於像我這種無法將殺價過程當作樂趣來享受的旅人，欣賞這種公平不二價的做法，多了一些節省下來的體力與時間來觀察這個初次到來的地方。

等待前往瓦瓦烏的班機時間，時值午餐時間，我們在國內機場航站內的美食部解決午餐，我使用了「美食部」這個詞彙，因為整個販賣食物和紀念品的店面規模，大概同我記憶中小學時的合作社差不多，有賣現泡的泡麵、熱咖啡、洋芋片等餐點，我是個對食物沒有特別有愛的人，不過這個美食部的存在，已經在第一時間讓我對接下來待在東加王國期間的飲食條件有所心理準備了。

過沒多久，我領到了人生中第二次拿到的手寫登機證。第一次是二〇〇九年前往冰島，回程的班機因為那次出發前訂機票時，出發日期更改過許多次，最後一次終於決定好日期開票時，所有的人包括伙伴、我和票務，都沒有人注意到機票開票的回程日期手滑晚了一個月，而且是到了實際轉機要搭機前，才發現準備要搭的班機沒有訂位，日期差了整整一個月，所幸在英國轉機時，那位航空公司的地勤人員相當幫忙且幸運地還有空位，他給了我們手寫的登機證，告訴我們行李絕對來不及跟上，以及登機門在哪裡後，說："Run!"，多虧他事先無線電通知登機口的人員還有兩位乘客要搭機，我和夥伴順利登機如期返台。

上次的手寫登機證，因為臨時狀況才意外獲得，而此刻手裡握的東加王國手寫登機證，卻彷彿像是這裡原始生活步調的日常。

持著這張手寫登機證，從東加塔普飛往瓦瓦烏，追鯨的日子正式開始，我和同伴們來到這個任何資源都很珍稀的島，唯有無盡的海和無限的陽光，取之不盡用之不竭，這裡，看不到消波塊的蹤跡。

來接駁的民宿主人Tai開車從機場駛進村莊，商店、餐館、教堂、學校、市場、港口，聚集範圍不出幾條街區，車子駛進一條小路，在一處庭院大門前停下。圍牆內有兩幢建築，主人領著我們介紹接下來兩週住宿的空間，民宿偌大的房舍前有寬綽的庭廊，擺放一張大桌與兩條長椅，這裡後來陪我們度過許多放空的閒暇時刻。入內後是寬敞的客廳，Tai一一介紹各個房間，大夥就順勢分配好房間和室友，最後是衛浴，以及最重要的廚房兼餐廳，在這裡體驗了人生中第一次殺鳳梨，在便利的台灣，要購買到已經處理好的盒切水果彷彿理所當然，來到南太平洋的偏遠小島上，那是奢侈品。每個公共空間總會擺放大長桌和長椅，不知道是主人的個人習慣，亦或是東加人生性喜好聚會共歡。

我和室友Nemo的房間簡單乾淨，打開窗向外看去，庭院充滿熱帶植物，蓊鬱盎然，主人家的黑貓自如地進出房舍，不時還有雞在庭園的草坪上踱步。在這裡的日子，我終於離開了常年待的冷氣室，更貼切地形容我工作所在醫院失控的中央空調，更像是冷凍庫。瓦瓦烏這裡沒有二十四小時便利商店，大約晚間九點過後，民宿外的街道簡直像人類已滅絕般的平靜，只剩下蟲鳴犬吠。起初感到新鮮且不便利，除了抵達後第二天開始皮膚爆痘的下巴之外，很快地心理上便適應了這裡的一切，飲用水是蓄集雨水過濾煮沸後得來的，當廚房的飲用水水壺見底的時候，大夥自動輪流到後院的蓄雨過濾桶取水煮水。

在民宿將行李安置妥當後，趁著天還亮的時候，到當地市場閒逛瞧瞧，順便收集些食物，晚上將下水與攝影的裝備一一從行李撈出檢查確認，從隔天開始每天反覆卻又不重複的出海尋鯨日子。

上網需要仰賴在機場買的電信卡，生活步調跟著網路傳輸速度放慢，自然而然地，視野暫時不再被3C產品佔據，人生暫時不再活在社交平台上。有水喝、有食物吃、有熱水可以洗澡、有廁所可以上、有舒適涼爽的床鋪可以睡上一覺，生活，顯得極為奢華地質樸。

#「鯨」濤「嗨」浪

從小我就是個夜貓，彷彿只有深夜寧靜時分，大腦思路特別澄明，精神相當集中不受外界的紛擾影響，白日的時候即便前一夜睡了十小時，午後依舊容易昏昏沈沈。早起，是身為一名需要白夜輪班的急診醫師的必備技能，但是只有出國時為了某些理由，我才心甘情願地早起，例如，此時為了出海尋找大翅鯨（笑）。

清早六點起床，簡單吃過早餐，換裝、整理裝備，一夥人散步式地前往港口，約莫七點抵達集合的船塢前，把裝備拿上船，七點半出航。船出港口後，往南航駛尋找大翅鯨的蹤跡，在出海的航程中，大夥相互自我介紹，這天船上的潛導是來自加拿大的大學畢業生Evan，她表示她來打工換宿，已經待了一整個夏季，第一次在海裡和大翅鯨游泳上岸後，感動地一直流淚。

船駛離岸到外海，船越顯顛簸了起來，這天的浪大，一向容易暈船暈浪的我，出門前已事先嗑了一顆暈船藥，首航出海的新鮮感，很快地不敵開始作用的暈船藥藥效，接下來在海面上四處搜尋鯨魚噴氣的一個半鐘頭，很快地我在船上昏睡了一陣。清醒後，和大夥輪流往不同方向觀察，海面上遠處的白色浪花，時不時像渣男的話術般矇騙大夥的眼睛，一瞬間容易讓人誤會成噴氣而小小悸動，下一刻看清現實的剎那，小小失落接踵而來。

很快地，我們迎來第一對大翅鯨母子和一隻護花公鯨，也迎來我的第一次跳海下水。相當有經驗的東加船長，小心翼翼地保持一定距離追蹤鯨魚的行進方向，等待時機，“Go!”，當聽見船長喊出第一聲指令時，越早跳下水越好，動作慢個十秒下水便有可能錯過。這對母子與公鯨一直在移動，顯然沒心情搭理人類，下了兩次水，認真地體驗了什麼叫做看不見車尾燈，鯨魚下潛入深海的速度，迅雷不及掩耳，跳下水往海裡看去，只見隱約的尾鰭沒入深藍的海底，然後拖著沈重的攝影像機在浪中游回船邊。

說來神奇，決定要前來東加王國到海裡看大翅鯨以來的十個月，那擔心會溺斃大海的焦慮，就在一面看著眼前不遠處的鯨魚，一面跳進湛藍大海的第一跳，長久以來的憂慮瞬間瓦解。真的跳下海裡，隨之而來，竟是新的煩惱，因為擔心屍沈大海而準備的超浮力防寒衣，浮力實在太大，導致我的整個身體漂浮在海面上，難以踢水游泳控制方向，第一跳結束後回到船上，我身上的配重從四公斤調整到八公斤，賞鯨之旅同時變成水下體能訓練之旅。

中午十二點半，船駛到附近一處有洞穴的礁石小島，午餐是在船上享用的沙拉三明治。出海時該吃、不吃、吃幾分飽都是門藝術，吃多，擔心暈船會和吞下肚的食物再次相見歡，吃少，擔心沒體力，每回合下水都是競泳般地全力踢水，結束後拖著水下相機游回船邊，穿著吸飽水的超厚防寒衣附加八公斤配重爬上船，都需要消耗能量。幾番掙扎，最後我都決定先吃再說，大約吃到七分飽，再準備些香蕉或是巧克力餅乾能快速補充能量的食物備能。下午時段，遍尋不到鯨蹤，大約兩點半返航，三點回到港口，結束第一天的行程。

隔日，這日的風浪較前一天更大了，不過海面上的惡劣天氣，不能代表海面下的鯨況。一早出航，船上的對講機就傳來其他艘船的通報消息：有一群競逐的公鯨群體出現！Heat run，競逐，是我私自的翻譯，指的是一群公鯨會群聚彼此追逐，通常發生在追求母鯨的場景，可能最前方會有一對鯨魚母子，追求母鯨希望成為護花使者的公鯨會追隨在後，有時好幾隻公鯨會同時追隨在後，彼此競逐展示雄風，而甩不掉追隨者的母子，通常鯨魚寶寶可能會被追得游到累壞。

原本因為暈船藥物作用還昏昏欲睡，一下子清醒得不得了，我們的船根據通報，迅速地追蹤到公鯨群，遠遠地便見此起彼落的愛心狀巨型噴氣，不禁跟著興奮了起來。由於公鯨群游動的速度極快，船長需要根據他的老道經驗，將船開到鯨群前進路線側旁，精準的時機點下指令讓我們跳下水。配好配重，套好蛙鞋，面鏡塗好防霧油，帶好潛水面鏡，抓好潛水相機，咬好呼吸管，“Go!Go!Go!”，一聽到船長的指令，從船緣一個跨步跳下水，全力往鯨群方向奮力游去。

我永遠忘不了，當我跳下水的第一瞬間，當視線剛從一片白茫的水花氣泡中清晰過來，我將頭栽在海面裡往下方看，眼前腳下是十幾隻的大翅鯨，我不偏不倚地正巧位在一隻鯨魚的正上方，儼然一節火車大小尺寸的海洋生物，不到十米的距離，優雅地搧動它的尾鰭，準備下潛，霎那間的感動與驚駭使我全身發麻，「驕傲自大的人類，在這巨大的生物跟前，顯得微不足道！」我心想，這一刻我才突然理解為何Evan說她第一次和鯨魚共游時感動得一直哭。這個地球上有眾多物種共同存在，地球之遼闊，我何德何能竟有機會，能與這樣體型五、六層樓高的哺乳動物擁有近距離一面之緣，或許在上古時代我亦曾經與它們在叢林裡擦肩而過。

我太過感動，顯得驚慌不已，被眼前的景象震懾，回到水面上，我只記得「有好多鯨魚」和「剛剛腳下那隻鯨魚好近好近，很怕被它的尾鰭掃到」。回到船上後，磊哥和能夠一口氣下潛四十米的同行神人阿剛，描述著在水底看見的場景，大約有十三、十四隻公鯨，能夠鎮定地觀察水裡周圍的情況，還能游刃有餘地計算鯨魚的數量，著實令人佩服地五體投地。

公鯨競逐的場景，據稱是壯觀而相對較難得遇上的情景，尤其一般競逐的公鯨數量大多幾隻很少出現超過十隻的大群，這個族群更特別的是，最前面並沒有被追逐的母鯨和小鯨，就是一群雄性激素飆漲的鯨魚男性群聚，突發奇想地想來場比賽看誰游得快。我也永遠忘不了當鯨豚研究員Ula一開始跟磊哥表示「還沒有做好心理準備下水，先跳過這一跳」時，磊哥臉上出現下巴快掉到海溝裡的驚愕，絕無僅有的十來隻公鯨壯觀競游場景，「好鯨，不跳嗎？」我們出海第二天的一早便有幸遇上，感謝上天眷顧。

中午休息後，我們遭遇到一對悠閒的大翅鯨母子，大膽的鯨魚媽媽潛在底下，斜眼打量監視著我們，卻又放心地讓寶寶在接近海面的地方和人類玩耍，好奇的鯨魚寶寶會時不時朝我們游來，看個幾眼又游走，可愛至極。

這一豐收的日子，記不起究竟下水了幾次，三點半回到岸上，盥洗後便在床舖上迅速失去意識。

每日海上的遭遇無法預期，隔日，七點十五分出航，暈船藥的藥效尚未作用，未料七點四十分，就發現了一對穩定的鯨魚母子，我們一夥人和牠們玩耍了將近兩個鐘頭，通知其他艘船後才離開，這日早早收工，傍晚下起了雷陣雨。

又一大晴日，我們遇見一隻孤獨的公鯨，遠遠地便聽見牠的歌聲，只要將頭埋進海裡，便能清晰地聽見牠的歌聲，在此以前，我不曉得原來鯨魚會唱歌，而且根據研究，大翅鯨也有地域性、季節性的流行歌曲，科學家同一時期在不同海域錄到的大翅鯨哼唱曲調一樣。這一天我們聽了一個小時鯨魚的哼唱，倒是這一年鯨歌排行榜上的流行歌曲，在身為人類的我們聽來，像極了卡榫生鏽沒有上油的關門聲。

並不是每個出海的日子都是陽光普照、風和日麗，出海的第五天便遇上淒風苦雨與風浪，所以出海尋找鯨魚的船隻，都不見鯨魚蹤跡，我們乾脆地決定提早返航，中午前便回到岸上，難得提早休息的日子，回民宿寫寫明信片，大夥聚在客廳聊天分享幾天來的照片，還有一起觀賞我的東加室友Nemo拍攝的畢業紀錄片作品：為何生在海島的台灣人與海洋這麼不親呢？一時間，我想起從小到大在台灣各個沙灘、湖泊景點可見禁止游泳的標誌，以及這幾日傍晚在港口邊看見書包一扔穿著制服就跳進海裡快樂地嬉戲的東加女孩男孩們。怕水恐水懼水的我，著實不好意思說自己是出生於海島國家的子民啊。

東加意象

每趟旅行總會在心底刻劃下一道印記，或深或淺。在這個沒有廉價時裝速食時尚的社會，沒有奢華物質條件的世界，待在東加王國短暫的兩週，所劃下的印記竟是數一數二的深刻。

每日反覆又不重複的出海尋鯨。反覆，每日早上六點多起床梳洗，換穿泳衣、防寒衣，整備面鏡、呼吸管、蛙鞋和水下攝影器材，吃過簡單的早餐和暈船藥，步行到幾百公尺外的港口。卻又不重複，每天走出門到港口的這段路，有時看見對門那戶人家養的雞群聚踱步，有時看見隔壁家的小豬們在路旁閒晃，有時看見民宿家的狗去戲弄追逐隔壁家的小豬，然後又被隔壁家的狗追回來。

反覆，每日出海，在海面上搜索鯨魚的噴氣蹤跡，在海洋上吃沙拉三明治午餐，午後約莫三點返航回港，民宿清洗裝備和沐浴換裝。卻又不重複，有些日子能遇到一群數量龐大的公鯨在相互競逐，有些日子半晌遍尋不著任何鯨魚的蹤跡，有些日子能遇見淡定的鯨魚媽媽帶著淘氣的鯨魚好奇寶寶，有些日子能遇上大展歌喉的單身貴族公鯨，每個出海的日子都充滿未知而從未重複。

反覆，每日傍晚，在港口邊唯一一家中式熱炒餐廳的露天座位，一邊大啖海鮮和熱炒，一邊看著體型豐潤的東加在地人，因為公衛減重計劃，每天傍晚五點在港口邊的大涼亭棚下，跟著收音機音樂跳減肥操。卻又不重複，有時黃昏時刻，可以看見放學後的少女，穿著制服便利索地跳進海裡游泳，每日出海尋鯨歸返的我們，頻繁地在港口邊用餐，觀察到日復一日，準時出現參加減肥操的東加人，人數越來越少。

時不時空氣中瀰漫燒垃圾戴奧辛的刺鼻氣味，滿街跑的小豬和追小豬的小狗，街上唯一一家麵包店的肉桂捲麵包留在舌尖上的味道，波光粼粼的湛藍海水景色，徒步健行到塔勞山國家公園

（Mt. Talau National Park）觀景台眺望的風景，熱情的民宿主人Tai舉辦的豪華東加宴，奔馳街上活潑可愛的小豬一躍成餐桌上的烤乳豬，還有似中藥口味的特殊傳統飲料卡瓦（Kava），這些在在勾勒出我的東加意象。

或許是因為在這裡，發現生活只要有水喝、有食物吃、有熱水可以洗澡、有廁所可以上、有舒適涼爽的床鋪可以睡上一覺，然後白天出海，找鯨魚、等鯨魚、看鯨魚，晚上回來大家聚在一起閒話家常，和一群有共同想法的人，分享彼此所體驗，這樣的日子很珍貴，也很幸福。

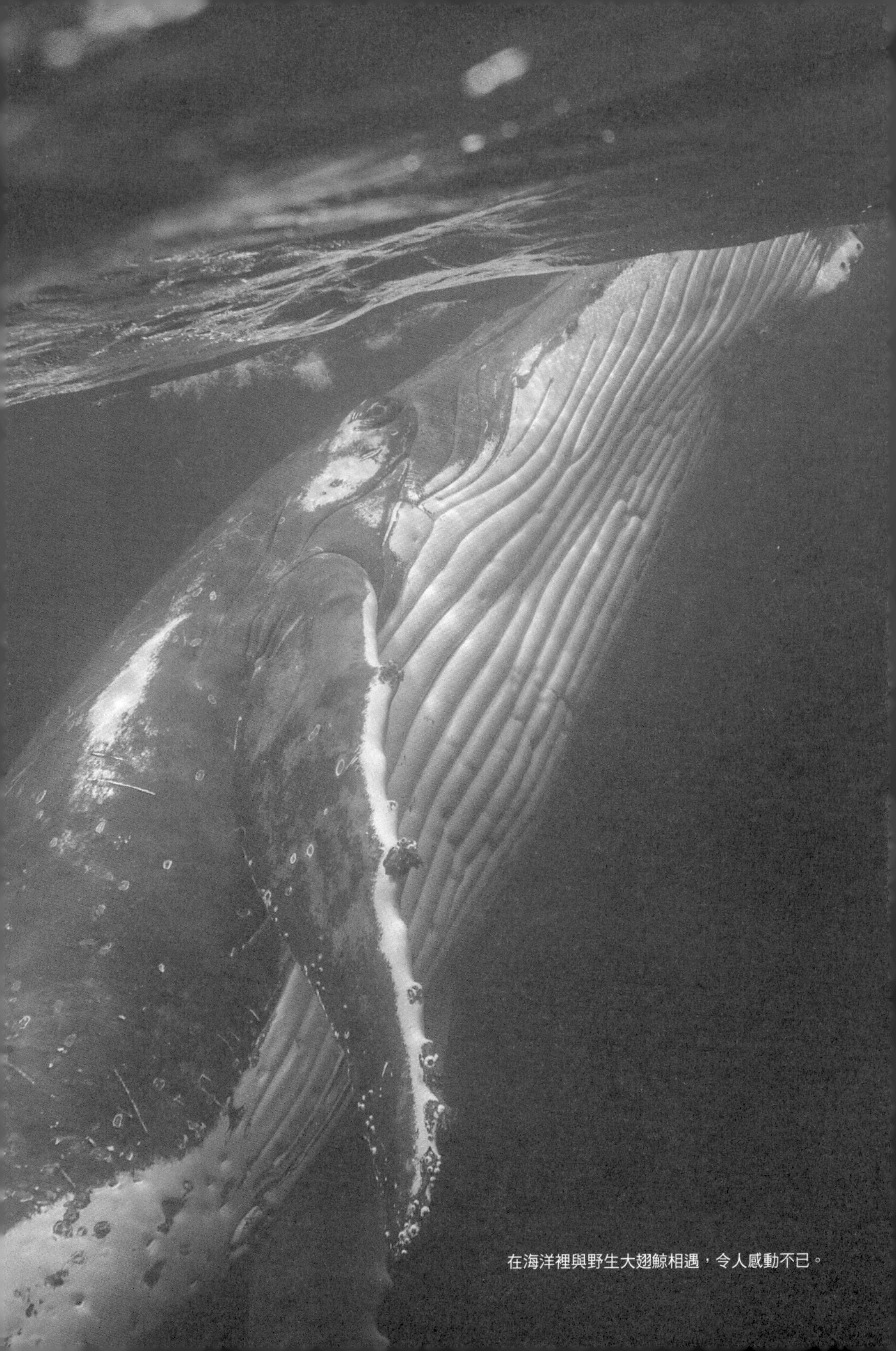

在海洋裡與野生大翅鯨相遇，令人感動不已。

初抵瓦瓦烏時，膚色還是白色的我和市場販售樹薯的小卡車合影。

瓦瓦烏市場裡頭藏著販售鯨骨製作的雕刻品，據稱東加王國已經禁止捕鯨多年，雕刻品是利用已死亡的鯨屍體骨骸製成。

東加入住的民宿客廳，每天從海上返回，大夥會聚在這裡彼此分享當天在海裡體驗的經歷和拍攝的照片影片。

瓦瓦烏當地的教堂。

穿著傳統服飾盛裝打扮的當地人。

星期天所有賞鯨活動皆停止，因為虔誠的當地人都盛裝上教堂做禮拜。

東加人個性熱情且隨和不拘，禮拜時教堂內氣氛顯得有秩序卻輕鬆，小女孩自在地隨意走動，台上的牧師、台下的大人們也都不以為意。

搭船出海尋鯨，發現外型狀似抹香鯨的岩石。

大翅鯨寶寶露出水面來。

發現大翅鯨，跳進海裡和大翅鯨共游。

大翅鯨優游在近在咫尺的眼前。

每日出海賞鯨返回港口，飢腸轆轆的我們總是在港口旁的中式餐廳大嗑起晚餐來，看著當地公衛計畫推廣的減重班學員，在一旁港口邊的涼亭下跳減肥操。

原本穿著制服的少女，放學後到港口邊，制服一脫，便跳進海裡戲水。

當時住在瓦瓦烏民宿的隔壁
鄰居小孩，不怕生又淘氣。

我在瓦瓦烏島上看見這幅光景時，浪浪在陽光灑落的海島上、涼爽的屋簷遮陰下悠閒午睡，反觀在城市間庸庸碌碌的人類我，令我想到，「累到像狗一樣」的諺語用法是否應該改成「累到像人一樣」。

四處放養的小豬仔，會在街上到處活動，我們這些外來客都相當好奇，主人如何找回自家的小豬。

我們即將離開瓦瓦烏前，民宿老闆Tai在自家舉辦了東加宴，宴請我們即將遠行的來客，家裡的員工手工烤乳豬，手動翻轉乳豬烤了三個半小時。我赫然想通為何前幾天在街上看見那些活蹦亂跳的小豬仔，看見人們靠近時，會驚嚇地停住然後跑走了。

塔勞山國家公園的入口處。

從塔勞山國家公園管轄範圍內的眺望台，所俯瞰的景色。

18

二〇一七年八月
青藏高原

第一次藏族文化地區旅行×第一次藏戀

「下回，如果還有下回，
讓我再次看見青海湖畔那片黃澄油菜花田裡的
『你是我的緣』，
我還是會忍不住地噗嗤笑出聲，
帶著剛好遇見你的，淚。」

Qinghai Tibet Plateau

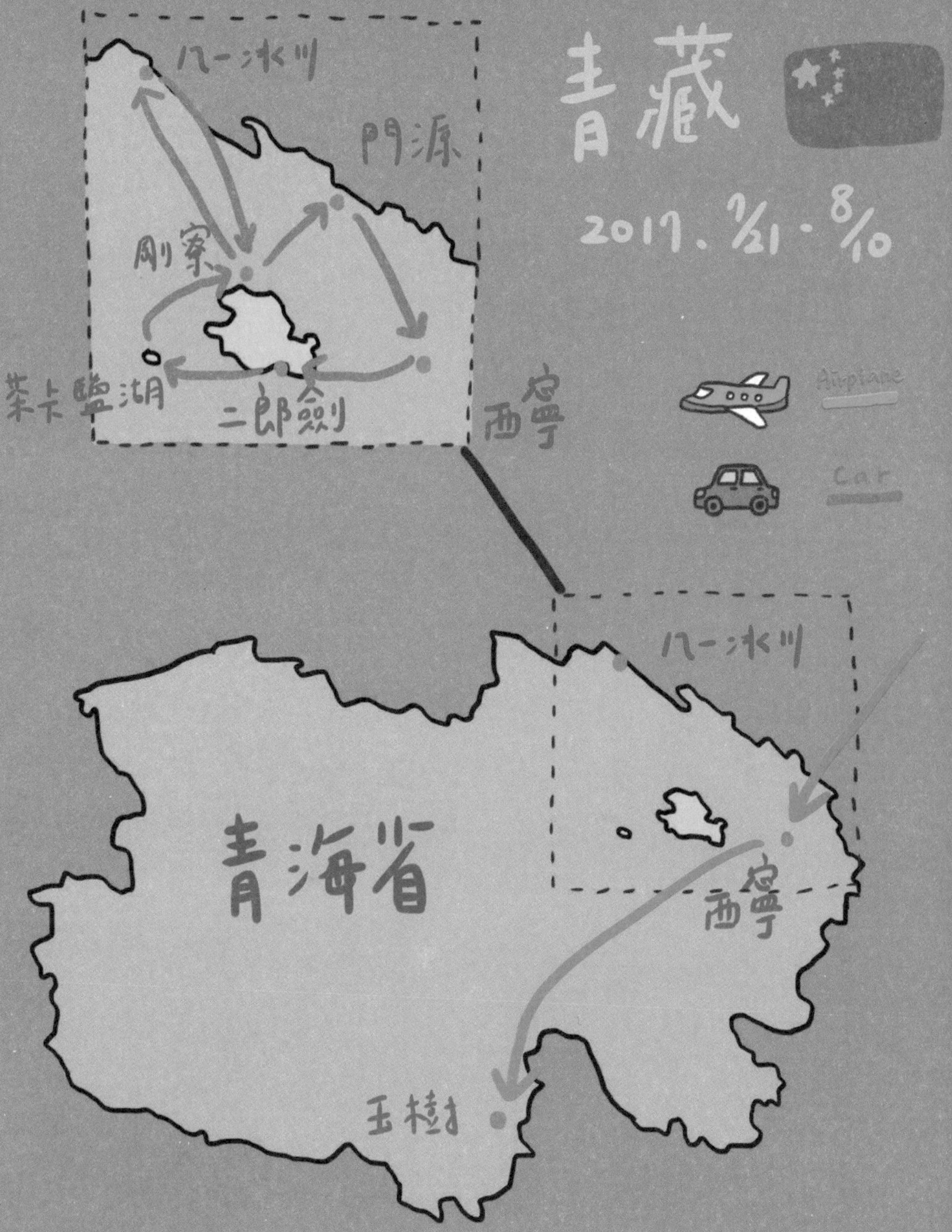
青藏
2017.7/21・8/10
八一冰川
門源
剛察
茶卡鹽湖
二郎劍
西寧
Airplane
Car
八一冰川
青海省
西寧
玉樹

#第一次真正一個人中國自助旅行

這趟前往青海省青藏地區的旅行，是個美麗的意外，十多年前錯過了曾經萌生想前往西藏的機會，一直未訪，儘管前往西藏的想法從未消失，卻一直在我的旅行名單裡，處於約莫檢傷四級[1]的狀態，想去、有機會的話可以去，但卻並不是讓人非得急著立刻去的地方，於是不斷地被檢傷一、二級的旅行地點插隊。

二〇一七年一個機緣乍現，受邀於游牧行[2]的木子鵬，前往擔任藏族文化體驗團的隨團隊醫，當時的我那些年頭正沈迷於南北極地的旅行，受邀之初曾稍微猶豫，後來一轉念，這應該就是所謂的機緣，或許錯過了就不再，於是最終還是答應了下來。

多年旅行下來，試探嘗試過自己的各種極限，深知自己有高山症體質，在擔任隨團隊醫的行程前，便安排了提早一週自行前往青海省的適應高度行程，以免身為要照顧別人的隊醫，自己先高山症發病就糗了，中國面積第四大的青海省平均海拔超過三千公尺，後面前往高原的行程，會到達海拔五千一百公尺的高度轉山，於是我決定先前往海拔二千二百九十五公尺的省會西寧市。

儘管二〇〇八年到北京算是第一次踏上中國大陸的土地，那趟旅程半數以上有在北京工作的台灣友人當地陪，倒稱不上真正的全自助旅行。這回前往青海，便是實實在在一個人在中國的自助旅行，我的焦慮遠大於一個人前往南美或是非洲旅行。在中國旅行，慣用的臉書被封印，必須改使用微信，搜尋資料google被封印，得改使用百度，叫車不能使用Uber改用滴滴出行，旅行推薦評價不用Tripadviser，改用馬蜂窩旅遊和去哪兒攻略，慣用訂房的booking和Agoda，改用攜程旅行，付錢除了現金之外，使用電子支付支付寶，信用卡多數時候不收Visa和master外卡，只收銀聯卡。沒料到，在這個同樣使用中文卻自成一格的國度裡旅行，生活上需要改變的習慣，竟遠比去歐美非國家還多得多。

出發前事先購買可漫遊亞洲包括中國的電信卡，手機上下載了許多過去不曾使用的軟體，開始了這趟旅程。從進入中國的海關開始，台灣人必須排在大陸本國居民的冗長排隊行列，只能癡癡看著另外一側持外國護照入境的空曠排隊區，入境之後卻發現又只能入住「接待外賓限定」的酒店，台灣人一旦進入中國領域，身分便自動人格分裂。不過旅行這碼事，同時也自動逼迫旅人

1 檢傷，緊急醫療體系中，病患前往急診就醫時，會經過檢傷分類，分為一到五級，一級病患為需要「立刻」處理的復甦急救級別，二級為危急病患，可能等候時間為十分鐘，三級為緊急病患，可能等候時間為三十分鐘，四級為次緊急病患，可能等候時間為六十分鐘，五級為非緊急病患，可能等候時間為一百二十分鐘。急診實施檢傷分級之目的，在於快速辨識病人是否有緊急危及生命的情況，評估並決定目前病況的嚴重度和分級，並非病患趕時間或是家屬心急而自以為的緊急或危急。

2 游牧行，為定居台灣、過去服務於國際非營利組織的新疆人木子鵬所成立的旅行社，主要替台灣人提供前往體驗青藏高原當地藏族傳統生活方式與文化的行程，同時以提供當地藏族青年就業機會、保存當地文化為宗旨的旅行團。

無限領域展開，無形中開發出各種適應突發狀況的能力。

#比西藏還西藏的玉樹藏族自治州

初抵海拔兩千三百公尺的西寧，果不其然，即便我服用了高山症預防藥物丹木斯，第一晚仍出現輕微頭痛的症狀，入住第一間旅店後，在昏睡與被走廊上傳來的喧嘩聲中吵醒之間浮沈，睡睡醒醒了十幾個鐘頭，隔日才逐漸從頭痛的狀態緩解，一直到第三天，我感到自己終於像孫悟空把頭上的金箍咒摘除般地快活。

我在青海湖環湖一週後，生理上適應了中高海拔環境的低氧狀態，但是心理上卻因意外遇見千年修來的緣分而動盪不已，遇見半藏半漢的伊人，這故事又是後話了。

離開青海湖畔，我飛往玉樹市，這裡是玉樹藏族自治區的行政中心，玉樹對於大多數台灣人應相當陌生，在此行之前，對我而言亦然，認識玉樹後，才知道這是個比西藏還西藏的地方，相較於藏族人口比例佔百分之七十的拉薩，藏族人口佔百分之九十七的玉樹更顯得純藏。街上四處可見簡體漢字與藏文併存的招牌與路標，儘管多數時候看見的當地年輕人穿著跟大城市裡無異，路上卻不時無違和地出現身著傳統藏服的人，只差現實走在路上的藏人，不像教科書上的藏人服裝扮相示意照，總是布滿紅珊瑚、瑪瑙、祖母綠寶石那般浮誇華麗。

這讓我憶起二〇一一年底前往日本北陸地區跨年，出發前不到兩週，臨時起意前往日本跨年，列為世界文化遺產的白川鄉合掌屋意象映入腦中，不過想當然爾，觀光如此熱門的地點，住宿早已被預定一空，於是又想起曾在英文旅遊書上讀過，白川鄉附近一座山頭裡的五箇鄉，同樣完整保留了合掌屋傳統建築，知名度卻遠不如白川鄉，正因如此我決定碰碰看運氣，撥打了國際電話給五箇鄉民宿詢問訂房，接聽電話的老闆娘不諳英文，我硬著頭皮先用谷歌翻譯來的日文句子表明來意，後來聽不懂的日文對話讓我露出馬腳，改說英文，聽見英文的老闆娘既客氣又掩飾不了語氣中的慌張，發現溝通失敗後，她趕緊去找能說上些英文的年輕人鄰居求救，竟然這樣也行，讓我訂到了在雪鄉傳統合掌屋裡度過日本除夕夜民宿。

正因為五箇山較不為人知，實際上我前往五箇山途中，巴士轉乘需要經過熱門景點白川鄉，我看見深雪覆蓋的合掌村落人潮車潮洶湧，各家民宿門口五彩霓虹燈的炫目招牌閃爍，令人難以將目光專注在古樸的合掌建築上。正因為瞧見白川鄉合掌村落的狀況，車子在大雪深夜裡駛進靜謐落寞的五箇山合掌聚落，車輛停在透出溫暖黃光的合掌屋舍前，一下車，雪靴踩進凹陷的鬆雪，彷彿一腳踏入一個古老的日本和式童話裡，感動不已，慶幸自己訂不到白川鄉民宿，是何其幸運的事。

此刻，我同樣地幸運，在一念之間接受了游牧行的隊醫邀約，第一時間我極為猶豫，除了當時生活、工作時程安排的各種考量之外，確實曾出現這樣的想法：「啊，不是去西藏啊？」然而，正是因為不是去西藏，而是來玉樹，在這裡和來自各路的藝術志願者住進了一般的當地公寓，而不是規定團進團出住在連鎖酒家的旅行團，在這裡認識了一群當地的藏族青年男女，在神秘的房間裡一群人學習藏文和討論不能公開談論的藏族歷史。

#在地「藏」生活

隨著旅行團的行程，我跟著團員和其他工作人員的隊伍，一同上高原，這裡不是西藏，卻同樣屬於廣闊的青藏高原一部分。青藏高原，地理定義上，實際跨越了西藏自治區、青海、甘肅、四川到雲南，甚至涵蓋了印度北部、尼泊爾與不丹。「青藏」，也是古老稱呼中的「吐蕃」，為整個藏人地區的統稱，所涵蓋的地域遠超過普世眾生印象中的「西藏」。

離開玉樹市結古鎮，我們住進了囊謙縣當地藏族青年久美位在毛庄的老家，雖是村落，這裡已離開自來水存在的範疇了。過去習以為常以至於無感的便利，諸如水龍頭一轉，乾淨無味的水汩汩流出，馬桶沖水按鈕一壓，清水嘩啦啦沖走排泄物，這些此處都晉升為奢侈品了。來到久美家，首先讓人感到文化衝擊的是，倒不是屋後需要撒灰的茅廁，也不是洗熱水需要先自己用泵浦汲水燒熱水，而是久美介紹了他的家人：大爸爸與小爸爸。

藏族社群裡保留下過去古老群婚的痕跡，一夫多妻或一妻多夫，久美的媽媽嫁給了大小爸爸兩兄弟，據稱在一九五一年以前的舊西藏時期，以戶為單位課稅，一妻多夫的家庭形式，除了能減少稅賦負擔，相較一夫多妻的家庭擁有更多勞動力，通常家庭經濟較富裕。資源缺稀的高原上，自然演化出這種符合經濟效益的家庭結合形式。

隔日，我們前往拜訪嘉那瑪尼城附近一戶瑪尼石雕刻師，他的家中同時也是瑪尼石雕刻工作室，進門看見庭院裡上好了紅漆底色的瑪尼石，大大小小，在牆邊堆成了座小山，瑪尼堆在藏語中稱「多崩」，意思是十萬經石。這日體驗手作雕刻瑪尼石，這些將經文、咒語、佛像雕刻其上的石頭，稱作瑪尼石，石上最常見被刻畫的是六字真言「嗡嘛呢叭咪吽」（ॐमणिपद्मेहूँ），瑪尼石之稱據說取自真言第二、第三字語音「嘛呢」，將瑪尼石投放在溪、河、山、海、人群聚集、聖地，能積累功德迴向給自己與眾生。

大夥各自挑選了喜歡的石頭，看過師傅的教學說明與示範後，開始動手雕刻，一時間，電鑽頭尖端噴濺起的粉塵飛沫，令我想起在骨科治療室替病患鋸開石膏的過往，看似簡單，要雕刻出字樣相當容易，要雕刻出具美感的藏文，卻力不從心。團友裡有一名牙醫師，信手捻來般地雕出美麗的筆畫，游刃有餘，想必對她而言，修補滿口亂牙齲齒的日常，已超前部署修煉雕刻瑪尼石的手藝，彷彿無形中積累功德迴向給自己與患者。

結束瑪尼石手做時間，我們一夥人帶著各自剛完成的瑪尼石，前往嘉那瑪尼石城參觀，這裡又俗稱新寨嘉那瑪尼，公元一七一五年，由藏傳佛教薩迦派、結古寺第一世活佛嘉那多德桑秋帕旺所創建。親臨嘉那瑪尼石城，才驚覺這遠超乎自己對石堆的想像，經過三百年數世代人的積累，將這些形狀各異、刻劃著經文的大小石頭，慢慢堆砌成如今規模東西長兩百八十三米、南北寬七十四米、高兩米半、數量估計超過二十五億個的瑪尼石堆，石堆、佛塔、經堂、轉經筒廊道與經幡共構築成現今規模宏偉的經石城。

稍早前上午的手做活動裡，我雕刻了兩顆瑪尼石，其一刻上六字真言，我將它擺放在石城中一處石堆牆上，融匯入此處浩瀚的功德石海，其二刻上藏族女大學生求忠替我取的藏文名「漂泊之心」，後來**我將刻有漂泊之心的瑪尼石帶回台北的住所，祈佑我不論遊走至世界何處角落，漂泊之心終能平安歸返**。

嘉那瑪尼石城的佛堂裡，供奉著古老的自顯瑪尼石塊依舊，前來朝拜創城一世嘉那活佛塑像的代代人潮依舊，瑪尼石城形成一股無形強大匯聚虔誠信念，宛如宇宙膨脹不斷地擴張，多少過去三百年來曾經到此放置瑪尼石祈福的眾生如今朝的我，已不復存，然而同樣祈求宇宙和平的信念，如同「嗡嘛呢叭咪吽」真言傳誦永不止歇，永續傳遞下去，我想瑪尼石城可能會就這麼無限增殖直到宇宙末日。

#高原上的醫生

隔兩日，隨著團友的行程上高原，從西寧大城市到玉樹小城市，從毛庄村落到巴塘高原，旅程中晚上歇腳的住宿，一路從接待外賓的星級酒店到當地居民公寓，從高原村落民宅磚屋到藏族游牧帳篷。車子在抵達當地藏人準備好的紮營處前，最後半個鐘頭，車子多半行駛在沒有道路的草地上，視野遼闊的高原上，遠遠地便能看見溪邊幾座群聚的帳篷，四周的草地遠遠近近，散布著隨意走動吃草的氂牛。

溪水在陽光照耀下映著波光粼粼，那是這片土地上各種生命賴以為生的水源，包括游牧於此的藏人、氂牛、獒犬、馬、羊、岸邊的草、乃至於犛牛糞裡難以仔細留意到的蟲子，也包括我們這些外來過客，所有生命體都仰賴之的水源。

對我們這些外地人而言，住在帳篷裡不外乎是像三天兩夜的露營體驗活動，高原上沒有浴室，來自亞熱帶氣候習慣每日洗澡的台灣人，嘗試擦澡或乾洗頭取代，而對傳統藏人，一生只需要洗三次澡：出生、成婚、死亡。

高原上沒有廁所，沒有我們刻板印象中有白瓷馬桶或至少有個土坑的廁所，這裡天寬地闊，雖說沒有個具現形體的廁所，其實一轉念隨處皆廁所，只需走到遠離人群稍可遮蔽視線的地方即可。儘管我多年來經常到荒遠的地點健行，不乏野放經驗，卻鮮少一邊解放一邊與氂牛面面相覷，我挑選了個地形稍隆起的坡地大石塊後方，解放到一半卻時不時有氂牛自顧自邊吃草邊走進視野裡，不免對氂牛說道：「好吧，你都不介意吃飯看人排泄了，那我也不介意好了。」

高原上的日子，讓人體悟到在資源匱乏的環境，人類為何自然演化成群居以增加生存優勢。一頓餐，大夥分工張羅著炊事，有人幫忙去溪裡打水，有人幫忙生火燒氂牛糞乾煮水，有人依照前幾日藏式料理課程所學的技巧幫忙揉製粘粑，看似簡單，不同手勁與技巧，每個人捏揉出的粘粑口感差異甚大。眾人一陣忙碌，加以藏族青年大廚在簡陋的廚房帳棚裡大顯身手，大夥在高原上享用豐盛的每一餐。

午餐後，我和大夥正在幫忙收拾時，突然久美將我叫喚到大帳棚的一側，將我介紹給一名皮膚黝黑的藏族男子，他身旁帶著一名男孩是他的外甥，男孩怯生生地半躲在男子的身後，久美用藏語和男子溝通，男孩半推半就地被掀起衣服，露出背後幾道不規則或深或淺的傷口，久美翻譯男子的話用漢語向我表示男孩前一日被鄰居家的藏獒咬傷，說是鄰居，就是游牧在高原上正巧帳篷遷居到同一塊草地附近的另一戶藏胞，性格強悍顧家護主的藏獒，畢竟無法信任相識不久的鄰居小孩。檢視了傷口，替男孩消毒傷口換藥，其中一道傷口深度介於可縫合和不用縫合之間，所幸傷口不會一直滲血，礙於高原上器械不足，只能換藥和給予口服抗生素避免感染，讓傷口自行癒合。久美表示最近能夠縫合傷口的醫院，至少得開上六小時以上的車程下高原，高原上既沒有公交車，游牧的藏人也沒有車，抵達可以處理的醫療院所，掛號排隊等候處理不知需要多久又是另外一回事了。

入夜，摸著黑走上高坡處，一面觀察是否已遠離其他人視線範圍，一面留意閃避著可能棲臥在暗處草地上的氂牛，覓得一處有緣的草地，對著漫天繁星野放，再小心翼翼地走回帳篷裡，鑽進睡袋裡就寢。

隔日一大清早，手機鬧鐘響起時，帳外天色未亮，鑽出溫暖的睡袋，一陣寒意，掀開帳簾到外頭，又是另一陣強度更高的寒意，即便是八月天，海拔四千公尺的高原上，清晨溫度仍不到攝氏十度。我到溪邊簡便梳洗，冰冷的水讓人瞬間清醒。這日起了大早，跟著藏人擠犛牛奶，原來大概早餐一杯普通馬克杯的犛牛奶，便是這樣一下一毫升、兩毫升慢慢積攢而成，擠奶的動作不正確不僅擠不出奶，也會讓犛牛媽媽不舒服，得小心牠生氣暴走。

巴塘高原上這幾日正巧有宗教節慶活動，我們入境隨俗，男男女女皆換上藏服，早餐後，大夥步行前往高原幾公里外的聚會點。我挑選了一款上頭有蘋果電腦商標的時尚藏服，藏服是藏族人的傳統服裝，圖案樣式跟著時代潮流在演變更迭，我想倘若穿著這蘋果藏服穿越回古代時，一世活佛可能摸不著頭緒我身上衣料上缺了角的林檎有何意義。

抵達現場，來自四海八方的藏族男女老少，在僧人誦經的帳前，席地或坐或臥，這一幕給予我的文化衝擊甚巨，無信仰的我從小參加過基督教教會的唱詩班，也曾因各種機緣出現在道教、中國佛教、印度佛教、日本佛教的場合，相較起過往在這些宗教活動場合的拘謹肅穆，眼前藏人們坐臥在地墊上，嗑著瓜果飲藏茶，沐浴在陽光下，耳朵浸濡在誦經聲中，啊，誦經淨化心靈、迴向功德，也可以是這樣愜意、符合人體生理舒適的形式啊。

活動結束，大夥三兩成群地悠哉散步回到我們駐紮的帳篷營地，前一日被藏獒咬傷的小男孩又來了，我再次替他換藥順便檢視傷口，僅過了一天，距離最深的那道咬傷完全癒合還需要些時日，不過較淺的傷口已經明顯收癒，我放下心再次教導男孩的舅舅如何換藥，並將台灣帶來的抗生素藥膏留給他們。不知是因爲傷口比較不痛了，抑或見過第二次面之後男孩比較不怕生，今天，男孩怯怯地笑了。

準備離開巴塘高原的清早，大夥一早便風風火火地收拾行李和幫忙撤除部分帳篷，正當大夥分頭忙進忙出之時，突然遙聞似乎有人在呼喚我的聲音，原來是我們營地旁恰巧游牧於此的人家，他們家的小犛牛生病了，主人們不諳漢語，透過久美的翻譯，原來是小犛牛早上屁股一直在流血不止，他們表示有給小牛打針，拿出針劑給我瞧，外包裝上翻譯成簡體漢字標示的成分，倒是不需要翻譯便知道是盤尼西林類的抗生素。我瞧了瞧小牛的屁股，根據主人描述的病史，可憐的小犛牛應該是感染性腹瀉拉肚子拉到脫肛，而脫疝出的腸粘膜破皮流血不止，我向團隊其他工作人員要了副乾淨的橡膠手套和醫藥箱，高原上沒有麻藥成分的凝膠，也沒有鎮定注射藥物可使用，只能靠幾個人幫忙抓住固定住小牛，徒手將脫出的腸子復位，再塞紗布加壓止血。我想起還是實習醫師時的過往，一個值急診班的夜晚，遇過一名撐到半夜三更才來掛急診的榮民伯伯，脫疝出的腸子腫到一個躲避球大小，相當棘手，當時最後還是得召喚外科學長來協助解決。時隔多年，隨著經驗的累積，如今管它是人是牛，脫出的腸子大概都塞得回去，高原上，我醫人，也醫獸。

可憐的小犛牛經過一番折騰，腸子復位後的肛門還塞著紗布，不過小傢伙終於平靜下來，不再焦躁地踱步。距離我們離開高原還剩一些時間，久美替主人們翻譯告訴我，主人們邀請我到他們家帳篷喝茶，盛情難卻，我進到藏人家的帳篷裡，裡頭的格局與布置顯然和我們這幾天所住的帳篷迥異，我想這才是常年居住在高原上牧民的家裡樣貌，爐灶上有一大鍋酥油，灶旁也有幾桶看起來色澤些許不同的酸奶，據稱將舊的酸奶加進新的氂牛奶，便能發酵出新的酸奶，女主人開始燒水煮茶，儘管語言不通，我啜飲著手中那杯熱騰騰的現煮酥油茶，感受到主人想表達謝意的真誠。

#「你是我的緣」

離開高原，高原上的點滴記憶攢存每位同行者心底，然而我最始料未及的，是在旅途上遇上伊人，姑且用「伊」稱呼他。

旅程之初，我提前一週先抵達西寧，打算先完成青海湖環湖旅行，原先我以為如此觀光熱門的景點，理當會有駛經湖周各城鎮的公車，到時候決定要去哪些景點後，再訂湖周城鎮的住宿，抵達西寧後，上網查找了相關資料，才赫然發現儘管青海湖旅遊蓬勃，多數人幾乎選擇租車自駕、參加旅行團、騎自行車，再者只剩下包出租車或拼車，西寧八一路汽車站雖有行經青海湖的公車，班次極少，習慣了在台灣幾乎到各處至少每一、兩小時會有一個班次的便利交通，忘記青海湖是個比北北基桃總面積還大的內陸湖，它所在的青海省更是中國第四大省，這裡地廣人稀，太頻繁的常規大眾交通班次不符合經濟效益。我憶起過去旅行愛爾蘭西南部凱里郡（County Kerry），那裡整個週末只有一班公車星期六順時針、一班星期天逆時針反向的公車，同樣是在大眾運輸服務和經濟支出求取平衡的概念。

人已身在西寧，再幾個鐘頭即將退房的時候，此刻才發現要尋找前往青海湖邊的旅館已然成了箭在弦上的問題，最後請櫃檯幫忙協助包車前往，雖然不是有錢人，錢也並非萬能，不過至少合理範圍的金錢都能輕鬆解決的問題，其實也都不成問題了。

來到青海湖南側區域，我住進了一家稍早前在訂房網站上搜尋到的旅館，步行跨越一〇九國道到馬路對面，會發現國道沿途有許多收費入口，付二十塊錢人民幣，便能穿越藏民私有的油菜花田，以最短路徑抵達青海湖岸邊，如果是更有體力的旅人，甚至可以沿途來回走幾百公尺詢問能殺價的入口，或是傍晚時分來碰碰運氣，有些看守入口的人自動降價成十塊錢人民幣。遼闊的青海，連花田面積都紮實地比北海道或台東所見的規模大上許多，據稱種植面積達驚人的五十萬畝，放眼望去眼前高飽和彩度的花海一片黃澄，直到視線落在遠處被碧青色湖水切割，上方是藍天白雲。黃澄花田裡，幾個偌大的中文打卡造景標語映入眼簾，「你是我的緣」，一時間我忍不住地噗嗤笑出聲，所幸四周方圓百尺裡沒有其他人，將這樣直白的台詞做成巨大的打卡標語，顯出這塊土地上特有的文化幽默。

我對著遼闊如海的湖放空，青海湖，如其名，像海一般的湖，當時的我，還不知道接下來的旅程裡，我會遇見一名藏族女孩替我取了藏族名字「漂泊之心」，她以藏語的海洋取代沒有完全相對應的漂泊一詞，其實我的藏語名字便是「海洋之心」，此刻的我，還不知道接下來的時日，我會遇見一名藏族男子帶我走過青藏高原的這裡那裡，幾個月內，帶我西出嘉峪關、上攀八一冰川、登高至沙丘頂瞭望千年依舊不涸的月牙泉、深入千年顏色不褪的莫高窟。

隔日，伊出現在旅館門口，第一眼看上去是個精瘦的小伙，是游牧行打工換宿工作人員微信群組裡介紹的在地導遊，我們相互簡單自我介紹後，便出發前往景點，我一向對於與人待在獨處空間的靜默尷尬氣氛沒輒，很快慶幸對方也是好聊又不是那種喜歡故意裝熟的人，對話中很快地知道他是個有個性會挑客人、不讓人隨意砍價、同時感覺得出某種程度自信的人。

伊的父親是漢人，母親是藏人，從小在高原上這塊土地上長大，他說他小時候都在山上牧牛，大學畢業後，其實先前在西寧最精英的小學教書當老師，雙親與哥哥都在國營企業任職，卻相當叛逆為了夢想自己創業開設旅店、當導遊，放手精英小學的鐵飯碗，一度讓他父母氣壞了，但是他知道他的父母對他的任性沒能奈何，他要堅持做自己想做的事情。他也曾經去過冰島，那是他唯一一次離開中國的經驗。他的談吐間，遠超乎我原先對於藏人的刻板印象，此前我想像中的藏人便是一生洗三次澡，身著厚重傳統藏服的粗獷牧牛男女，唯一符合我的想像的，大概就只有他黝黑的膚色與帶我走上登高瞭望高坡時臉不紅氣不喘的好體力。

很快地，我鬆下一口氣，慶幸不是個聊天句點王，也不是故意愛裝熟的旅遊服務業職業病患者。他也很快地了解到，我也不是個景區拍拍照打打卡就能滿足的獨遊觀光客，伊眼前是個會一個人出發去南美、非洲、南北極，上火山雨林看大猩猩、下海看大翅鯨、極圈深冬半夜出門獨自拍極光、來自台灣的瘋狂姑娘。於是他提議帶我去私房景點八一冰川，他告訴我，不甚感興趣或是體力太差的客人，壓根兒不會想帶人前去的地方，我見過南北極的冰山、攀過南北半球的冰川，倒是中國境內的冰川對我而言就極稀奇了，興奮地回答他：「我想去！」

或許他也沒料到，隨口提議，眼前這個姑娘竟一口篤定地說想去，因為此刻決定前往的當下，我們人還在兩百公里外的祁連縣卓爾山，已是午後時候，他估算了一下車程、冰川上起霧時間、天黑時間以及這幾日觀察我爬坡的體能，再次詢問了我一次：

「真的想去？」

「想！」

「走！」

於是我們便驅車出發了。

沿途行經的風景明媚，倒是公路的柏油路面竟然偶出現半個車道寬的塌陷，或是不時有羊群路霸過馬路癱瘓了交通，抵達八一冰川的停車處，迅速著裝，畢竟是位於海拔四千五百公尺的地方，通往冰川會途經海拔四千八百公尺的高度，他叮囑我要在防水外套裡多加件保暖的背心，估計到冰川返回時可能天已黑會冷，我背包裡塞了相機、備用電池、暖暖包、水和小猴，我戴上保暖手套、圍上圍巾，趕緊跟著他往冰川頂的路線走，只見他還是穿著在山下穿的同一件外套，只多戴了雙手套，手裡拿著一罐氧氣瓶，一身輕便地走著。

一下子從海拔二千九百公尺的卓爾山，來到海拔四千五百公尺的地方，不知是否意識到時間已晚，伊的步伐速度無意識加快，我努力地想跟上，但是氣喘如牛，心跳飆升超過每分鐘一百五十下，我突然天外飛來一筆想到，究竟氣喘如牛是哪來的成語，高原上倒是沒有見過哪一頭牛會像我這麼喘。我不時停下喘口氣，很快，他注意到我略顯發紫的唇色後，將他手上氧氣罐和我的背包交換，身處高海拔的缺氧狀態，忍不住心生一公斤的相機也想丟掉的衝動，身上少一公斤是一公斤的減少耗氧。他一面鼓勵著我，繼續往前走，我偶爾停下吸幾口氧，再繼續往前走。

山上開始起了霧，途經一處經幡旗幟羅列之處，在這裡竟遇見三個人，其中一位穿著牛仔褲加皮鞋，一位穿著不是太厚的皮製夾克，儼然也是觀光客，伊同他們寒暄了幾句，順道問他們有沒有要上冰川瞧瞧，如果有的話，跟著我們走，因為再來天色暗，如果沒來過不熟悉的話相當危險。伊對這裡熟門熟路，明明這個網上說二〇一六年後入境管制要付費繳申請表才能進入的保育區，他清楚知道如何進入，什麼天氣條件可以來。原本慢速步行逗留在經幡處的三位男子，便跟著我們繼續往冰川走，沿著冰壁旁的路線走，但隨天色漸暗起霧，在迷霧中的冰壁更顯神秘。

伊說，冰川頂是爬得上去的，三名遊客中一位體力較好的男子表示想上去瞧瞧。此時天色已暗下，已經沿著冰川壁旁踩著積雪前進了幾百公尺的我，抬頭順著伊手電筒的光方向看去，就是一面雪白的陡坡，我內心盤算現在上去已經暗到相機拍不出來了，於是我和兩名冷得直打哆嗦的男子，表示我們在冰川下等他們，蹲坐在雪坡上等待他們的片刻，彷彿出現了跑馬燈，此時這裡是四千八百公尺高海拔的黑夜，約莫不到十五分鐘後，他們登頂返回，那十五分鐘卻似乎像古老的冰川一樣被凍結而顯得極度漫長。最後，一行人摸黑下山，即便天黑了，伊記得這裡的地形和路線一清二楚，大夥順利回到停車場。

在冰川壁底下等候時，身體沒有持續活動，入夜後高海拔氣溫持續下降，下山時我感到從體內透出的寒意，即便戴著手套，手指的末梢依舊凍到失去知覺。回到車上，伊開始開車趕夜路回張掖，那裡才有能讓外賓住宿的旅店，我告訴他我的手指頭好冰，正當準備打開背包裡的暖暖包來用時，他卻突然伸出他的右手扣住我的左手，一句話也沒說，我詫異地轉頭看伊，他臉上淺淺地微笑著，我也一句話都沒說，就讓兩人雙手十指一路扣著，直到我手心暖了起來。

多年後，我在筆電的某個資料夾裡，找到曾經寫給伊的一首短詩。

下回，如果還有下回，讓我再次看見青海湖畔那片黃澄油菜花田裡的「你是我的緣」，我還是會忍不住地噗嗤笑出聲，帶著剛好遇見你的，淚。

八一冰川行——獻給青海的伊

起初
我不知道
你
在哪？

二〇一七年八月 青藏高原

我只知道
張開紺紫的唇
急促地 攝取氧氣
蹣跚地 抵抗地心引力

我未留意
掀開防備的心
放空地 移動步伐
無意識地 走向你的背影

天色漸闇
冰川逐蒼

後來
我終於知道
你
就在那

和游牧行旅行團團友們在高原上的藏式午餐，餐桌上少不了藏人的傳統主食糌粑。

當地藏族學生，下課放學後，穿越過二十五億個瑪尼石的石堆城回家，這裡不僅是藏人朝聖的聖地，也是當地人生活風景的一隅。

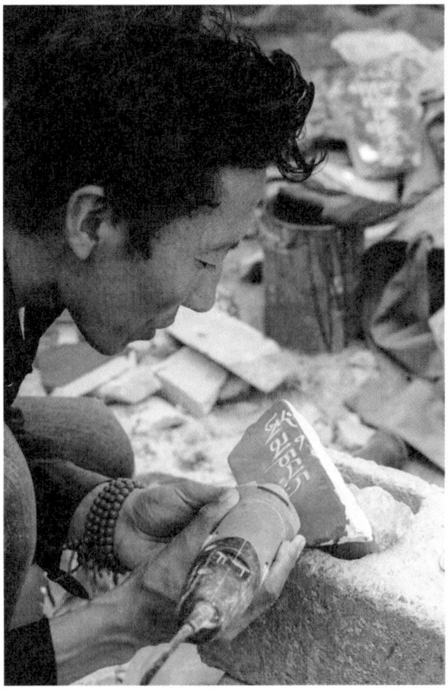

前往嘉那瑪尼石城附近一戶瑪尼石雕刻師家中，體驗雕刻瑪尼石。

嘉那瑪尼石城成千上萬的瑪尼石所堆砌起的瑪尼石牆。

前往玉樹高原上露營，體驗游牧民族的生活，在河流邊紮營。

入夜後的高原，彷彿比在平地更接近月亮，沒有路燈，只有明月照亮大地，沒有車水馬龍，只有犛牛隨處席地伏臥休憩。

將每日擠下的新鮮犛牛奶裝進塑膠桶裡反覆搖晃，製作奶酪。

大夥跟著高原上當地藏民擠新鮮犛牛奶。

高原上的鄰居藏民，前來求助，家裡可憐的小犛牛脫肛流血。

一大清早，大夥早起撿拾新鮮犛牛糞，鋪在草地上準備等待太陽升起曬成糞乾做燃料。

一起轉山的游牧行團員們、當地藏青久美南江與其父親。

前往海拔五千餘公尺的山上轉山，山頭上祈福的經幡與風馬紙隨風飄揚。

在青海省玉樹市蘇曼薩扎尼姑寺舉辦的藏傳佛教尼姑研討大會，宛如嘉年華會。

藏傳佛教尼姑研討大會，眾尼群聚在寺中聽經聞法。

聚在寺廟廣場前等待觀賞表演節目的群眾們，撐著妊紫嫣紅各種色彩豔麗的傘遮陽。

高原上的法會，聽經的信眾或坐或臥，好不愜意。

高原上相遇相識的游牧行團員們，換上傳統藏族服飾，在夕陽下共舞同樂。

高原上游牧的藏人，聚於此地，以地為席，以天為幕，用各自舒服的姿態，轉著手上的轉經輪，聽經聞法。

當年在拜訪青海期間，正巧有遇上天葬儀式在進行的日子，儀式進行中現場的禿鷹已在不遠處眈眈而視。

伊人轉動著轉經輪，旋轉又停下的經筒，像極了我們之間的緣分，觸動、運轉又戛然而止。

抵達接近八一冰川底下的冰壁時，天色已暗下。

帶著伊人的氧氣，發紺缺氧的我往八一冰川前行。

19

二〇二〇年二月
西伯利亞貝加爾湖

新冠疫情大爆發前最後一次旅行

「如同它水文循環的滯留時間估計長達三百三十年，
一滴湖水匯入貝加爾湖，
區區人類如我花了三、四輩子的時間，
都還等不到那滴湖水離開貝加爾湖的一刻。」

Lake Baikal, Siberia

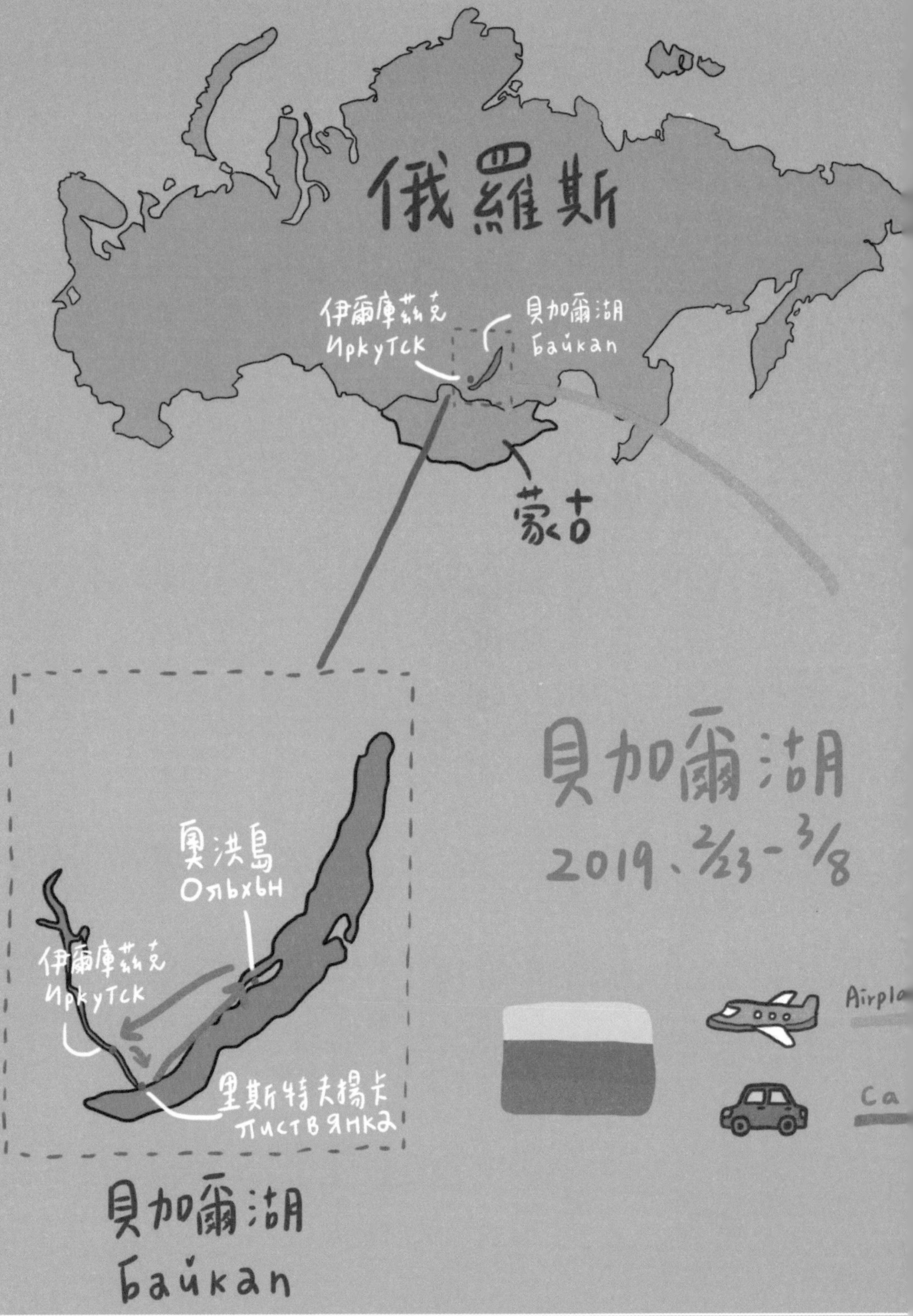
俄羅斯
伊爾庫茨克
ИркуТск
貝加爾湖
Байкал
蒙古
奧洪島
Ольхон
伊爾庫茨克
ИркуТск
里斯特夫揚卡
Листвянка
貝加爾湖
Байкал
貝加爾湖
2019、2/23-3/8

#滑壘出境

這趟旅程，雖名之為新冠疫情大爆發前的最後一次旅行，實際上正確來說，是疫情剛爆發時還是照常出門去的一趟旅行。

當初，沒有誰能料到，這將是一場長達三年漫長疫情籠罩的前奏。

二〇一九年一整年，舉凡冷峭天，我如常地前往俄羅斯、格陵蘭、加拿大、冰島、挪威拍攝極光，夏天前往小琉球取得乾式防寒衣潛水執照，替年底十一月前往挪威北緯七十度的北海裡拍攝野生虎鯨水下影像做準備。

二〇二〇年初，我計劃著第三度前往貝加爾湖。此前，第一次到貝加爾湖是二〇一三年八月的夏季前往，在岸邊踩踏沁涼的碧藍湖水，看見淘氣的貝加爾湖豹在遠處探頭探腦，將湖面蘸出圈圈水波。第二次是前一個冬季，二〇一九年一月和大姐姐帶家裡的八歲小學生出發，到俄羅斯北極圈內的摩爾曼斯克看極光，順道再去冰凍的貝加爾湖這巨大的冰塊上玩冰。

前兩次探訪的經驗對貝加爾湖的冰上活動稍作瞭解後，這回便打算和同伴前往冰凍的貝加爾湖嘗試冰潛，畢竟前次帶著小學生，較不適合做過於挑戰的極限活動。此外，這回也計劃前往尋找新生的貝加爾湖豹寶寶，據網路上所搜尋的資料，雪白毛茸的幼年湖豹寶寶，約莫在冬末初春時節成長為那純萌模樣。

從萌生初念到著手計畫冰潛旅行，再到實際確認能夠同行的旅伴，過程約莫過了三個月，直到十二月下旬我寫電子郵件去預訂冰潛行程時，接連被各家當地的潛水旅行社回覆告知，我們預計前往的二月底到三月中是貝加爾湖冰潛活動的旺季，皆無空檔日期可以讓我們參加。

失望之餘，同時學到了經驗，潛水社告知，冰潛旺季期間的行程，必須提早約莫半年前預訂，潛水社在電子信件裡既客氣又殘酷地回覆，翻譯成白話文，即是：「明年請早！下次再來，謝謝」的意思。不過冬季的貝加爾湖，除了冰潛以外，還有像是滑雪、湖上冰釣、尋找各種冰凍氣泡或冰洞、滑冰等許多冬季活動能夠參加，我亦抱持著即便無法自己下水，拍攝別人冰潛先見習也行的想法，尤其希望有機會能在南北長達六百公里遼闊的冰湖某處，親眼看見新生的貝加爾湖豹寶寶，因為抱持著這個願望，即使無法冰潛，貝加爾湖依舊深深吸引著我前往。

前往俄羅斯，一回生兩回熟，這是第三回去西伯利亞貝加爾湖，也是第四次去俄羅斯，當年辦理簽證需要想辦法先從國外獲得俄羅斯邀請函的實體紙本，以及填寫申請表格，需要將俄文文件上的資訊正確填寫上英文的申請表格，再將所有證件送往莫斯科台北經貿協會辦理，不過我經過連續三年的辦理，對於流程已相當熟稔。記得第一次辦理簽證時，遇見前面一位送件的人是名俄文系畢業生，用俄文和簽證官流利對話，令我頓時緊張了起來，後來發現簽證官其實中文也十分流利，鬆了一口氣，幾年下來也還是只對簽證官說出一句謝謝спасибо，害怕送件時一開頭用Здра́вствуйте!（您好！）打招呼，會讓簽證官誤以為我能說得上俄文，接著全用俄文跟我溝通便糗了。

二〇二〇年一月十九日，這日如常地在急診上班，過往的前幾年，連年冬季流感爆發，發燒的病患亦如常地湧入急診，從總院來支援的伏神學長，看診接了一名中國返回的發燒病患，當天在診間內我們不經意地聊著：「來查一下疾管局的傳染病通報網站，最近不是說有奇怪的傳染病嗎？」當時已好一陣子沒留意時事新聞的我，這句話像警訊鐘被敲響了一般，觸動我第一時間開始對這新興傳染病的注意。

隔日，一月二十日疫情指揮中心成立，相關新聞報導隨之鋪天蓋地襲捲而來，緊接著長達近千日的午間兩點檔疫情記者會、令醫護人員聞之心乏的「滾動式調整」通報與採檢定義，在在成了全民與醫護在疫情籠罩下兩年多的日常共同記憶。

接下來的幾週，開始每日都有新的中國城市封城，每隔幾日，台灣附近幾個便利的轉機國家也陸續被列入旅遊三級警戒地區，看著網路上其他人經由香港、北京、上海轉機前往貝加爾湖的旅行團接連被取消，曼谷、日本、新加坡亦陸陸續續加入旅遊警戒紅色名單之列，我與夥伴們最初訂好從韓國首爾轉機，當時韓國一直尚未被列入紅色名單之中，班機仍未被取消。俄羅斯也於二月初開始終止中國人入境俄羅斯的簽證申請，而在簽證申請網站上被歸納在中國底下的台灣身分，經過電聯莫斯科台北經貿協會確認，持台灣身分護照者依舊能夠申請簽證。於是乎，我便在瘋狂的急診值班與預訂住宿安排行程之間，持續觀望，是否隨時取消抑或如常出發。

心情擺盪在舉棋不定的狀態，著實難受，儘管已做好心理準備，假使最終確定無法出發也能接受這樣的結果，或許疫情一開始便果決地放棄行程，可能心情還來得暢快，然而，只要一想到，這或許是這輩子前往貝加爾湖旅行，百年一遇沒有滿滿中國遊人的時機，我便下定決心，繼續堅持與命運博弈著那微乎其微的順利出行機會。

萬萬未料到的是，因禍得福而起死回生的冰潛機會，悄然到來。

首先是原先希望預計住上一整週的優質奧洪島民宿，因為早先訂房時幾乎滿訂，只能訂到小的房間三晚，扼腕不已。疫情爆發後，我接到民宿主人的來信，詢問我因為疫情的緣故，多數訂房者已退訂，如今可以讓我選擇在最一開始我希望訂的大房間住上一週！民宿這封來信同時提醒了我，既然住宿出現退訂潮，冰潛行程是否會有同樣退訂潮的狀況呢？於是，我便抓緊機會再度一一寫信詢問各家潛水社，果不其然，原先冰潛高峰期間滿訂一位難求，而今潛水社反倒竟還能讓我們自行選擇安排哪一天前來！

出發前，到了二月二十日，韓國旅遊疫情宣布為一級「注意」（Watch），二月二十二日升級為二級「警示」（Alert），帶著忐忑的心，同時關注著比我們提早數日出發的台灣友人搭機轉機入境的過程，二月二十三日我順利搭上了下午一點多的班機起飛出發前往首爾轉機。離境後，稍後兩點鐘的疫情記者會上，指揮中心便無預警宣布禁止醫護人員出國，然而此時，我已正帶著N95口罩，在飛往首爾的高空中了。

凌晨抵達伊爾庫茲克，無礙地入境。隔日，二月二十四日韓國旅遊疫情升級為三級「警告」（Warning），台灣往返首爾的班機全數取消。

沒想到，我竟在層層閘門落下的最後一刻，順利地滑壘出境。

#西伯利亞的冬天

出了機場，抵達市區，除了我們同行一夥三人以外，再也沒見過街上其他人戴口罩。在伊爾庫茲克待了一天一夜，趁著待在大城市裡珍貴的時間，把該辦理的雜事完成，諸如去電信行購買電話卡、找銀行換俄羅斯盧布現金、去郵局買郵票、添購冰爪等。

現代人生存必備的上網電信卡，像是在規模較大的莫斯科機場各家電信公司都設有櫃台，伊爾庫茲克的機場規模簡約沒有設櫃，只能到市區的店面再購買，俄羅斯最大的電信公司MTS所販售能夠無線上網附加六百分鐘通話時間的電信卡，只要四百五十盧布，約折合二百二十元台幣，手機只需要裝上晶片卡，隨時能夠上網查找資料，語言不通時，拿起手機上網翻譯，迷路時，拿起手機上網導航，這是跟二十年前截然不同的旅行方式，也大幅降低了自助旅行的門檻，一機在手，加上身上有錢，能夠解決旅途中絕大多數的問題，甚至在行動支付普及的國家旅行，身上連現金都不用帶也行。然而，凡事有利亦有弊，過於仰賴網路的旅人，如此一來旅行中最大的風險是，一旦手機掉了或是手機沒電，將會瞬間失能。

如果是自己一個人獨行，在能力所及的範圍下，我還是會選擇盡可能多少學習當地語言、事先大概看過前往目的地的地圖、多帶一支手機備用等方式，來降低自己在旅途中失能的風險。

即使沒有網路，所幸憑藉從前累積看紙本地圖的能力，和口頭問路的旅遊基本生存經驗，一向能順利繼續旅程，儘管如此，近年來的旅程中，當手機裝上晶片卡連上網路的瞬間，我便感到自己宛如電影裡的勇者雙手握上神器寶劍，那一刻，勇者、電影裡的路人和全天下觀眾心中旋即產生「啊，能贏」的信心，拿著手機插卡的我彷彿身體四周頓時出現無敵的保護罩，被爆量的安心感覆蓋。

準備離開伊爾庫茲克前，便收到消息，經由首爾轉機的班機取消，原本幾日後要前來會合的同伴此刻確定無法出發。當時磊哥、費歐與我三人，正參觀完東正教的教堂，一面讚嘆瑰麗的建築，一面沿著江邊散策，拍攝著在江面上悠游的野雁，一時間，心中微糾結了一陣遺憾。約莫午後四時，天光已逐漸暗下，江邊羅列一排巴洛克建築的燈火，金輝倒影映襯在海軍藍與蝶豆花紫漸層的天幕，一時半刻，連水面上那些羽色低調的野雁，都顯得華貴非凡。離開江邊前，我深吸了一口氣，入心肺的冷冽空氣讓自己振作，從這晚開始了我們整路行程每天晚上都在關注疫情和查機票的旅程。

從伊爾庫茲克前往貝加爾湖畔的城鎮，我們包車前往里斯特夫揚卡（Листвя́нка），車子行駛了三個鐘頭穿越雪白大地，在距離感被放大的西伯利亞，這個距離還稱不上長程。我們抵達了住宿的木屋公寓，負責管理房子的人是塔吉斯坦人，他只說得上俄文，這時候能上網使用google翻譯顯得格外重要，不過其實為了以防萬一在過度荒涼的地區手機連訊號都沒有，我早在手機裡另外事先安裝了能離線使用的俄文翻譯軟體，早前在俄羅斯北極圈地區活動時，已然深刻體會到身處偏鄉有俄文翻譯軟體的重要性，俄羅斯離開大城市之後，能說上英文的當地人相當珍稀。還有另外一層保險是，網路訂房時事先有與民宿真正的老闆交換Line帳號，若有任何緊急重要的事情，還能透過悉知英文的老闆幫忙處理。

接下來的幾日，我們會待在這幢獨立木屋公寓，偌大的三房兩廳一廚一衛還有寬綽的露台，這種處於天寒地凍的建築，總是會預留寬敞的玄關空間，因為從攝氏零下三、四十度的戶外踏雪歸來，需要一個脫除全身厚重禦寒衣物的地方，沾雪的毛帽、大衣、雪靴總在進入溫度零上的屋內瞬間融化。屋內壁爐裡燃著熊熊烈火，火光將屋內開放式廚房和客廳連通的共同空間映照出溫馨的暖黃色，少了原本預計會一同前來住在這棟木屋公寓的夥伴們，寬敞的空間反倒徒增一絲寂寥。坐落在大客廳裡的壁爐，提供整棟建築暖氣，這裡不存在什麼冷暖變頻空調，若要在如此嚴寒低溫中維持二十度的暖氣，需要付出驚人的電費，取而代之便改靠燒柴，於是我們必須學習用火柴和廢紙生火，想辦法將木柴燒紅燃起，在爐內如何堆柴和如何讓空氣對流讓煙從煙囪排出也是一門學問。

一進屋，主人約略地用俄文介紹完廚衛和房間各個空間的位置，緊接著就是最重要的事──教會我們如何生火。倘若燒不了柴，大抵會凍死在貝加爾湖畔的村落。所幸過去二十餘趟極地旅行中，曾學過劈柴和燒柴，亦曾體會過若讓火熄滅夜半絕對會被凍醒的痛苦，我們極度認真地聽著主人用俄文講解，當然語言上是聽不懂，只能專心地看著他的動作，加以憑藉過去學過的經驗，努力自行腦補猜測著他試圖告知我們的生火重點，畢竟這攸關生死和接下來幾晚睡眠的舒適度。

#上雪坡下冰湖

貝加爾湖是地殼表面仍存留的古老地質學印記，約莫形成於兩千五百萬到三千萬年前，現今它南北六百三十六公里長，七十九公里寬，超過兩千公里的水岸線，難以計數的西伯利亞原住民部落千年來圍繞著它四周消長興落，這是世界上最大的淡水湖，蘊藏地球近四分之一的淡水量，自有人類圍繞著這個水體居住生存以來，原住民部落自始至終懷抱著敬重的態度，以原始的生活方式和「神水之湖」共養共生。

貝加爾湖深達一千六百三十七公尺，水質乾淨的程度能讓陽光穿透至水下四十米，富含礦物質的湖水，養育著超過一千一百種演化特異的生物，它們千萬年來因地殼上升逐漸被困在這個與海阻隔的湖裡，繁衍出屬於自我的樂園。

對於遊客的吸引之處，除了是世界上最大的淡水湖名號以外，便是這一大池清澈的湖水，夏季呈現生機蓬勃的明媚湖岸風光，冬季則是凍結成風情萬種的冰雪王國，遊客們大多是被招攬生意的觀光廣告上，奇幻的洞穴冰柱和被冰封定格在一瞬間的湖面氣泡所吸引前來，然而實際上，貝加爾湖還擁有遠比這些更多能讓人探索的面向，是座挖不盡的寶山，**如同它水文循環的滯留時間估計長達三百三十年，一滴湖水匯入貝加爾湖，區區人類如我花了三、四輩子的時間，都還等不到那滴湖水離開貝加爾湖的一刻**，我打算用我極有限的人生，以各種方式來體驗這池聖水。

我們抵達貝加爾湖畔的里斯特夫揚卡小鎮，原本後天要冰潛，隔日倒沒有什麼特別的計劃，網路查找資訊意外發現附近有滑雪場，我和費歐眼睛頓時都亮了起來，立刻決定隔日去滑雪。

翌日早餐後，透過line聯絡公寓老闆幫忙聯絡計程車，這裡是超出網路叫車系統服務的範圍，即便知道鎮上計程車服務的電話，怕是我們自己打電話叫車也會淪落雞同鴨講的下場。四公里外的滑雪場Eastland Ski Resort，規模不大，比起前幾年在日本像是安比、苗場等範圍跨越幾座山頭的滑雪場，這座滑雪場著實精巧，就一個初學班練習道，和另一個需要額外買通行證才能搭乘纜車的滑雪道，餐廳、纜車和租用的設備倒是相當新穎。

我們租借了雪靴、雪板、雪鏡、安全帽，練習道不限時使用，外加兩小時纜車通行證，僅需三千四百五十盧布（約合台幣一千七百元），比起其他日本、歐美價格便宜許多。時隔上回滑雪板（Snowboard）不覺隔了四年，前一年冬季帶著小學生到俄羅斯極圈滑雪，因為請教練教學跟著滑雪（Ski），安全至上，我這次先在練習道找回感覺，C-turn、S-turn重新熟悉動作後，我們再搭纜車到大的滑道。陽光普照的冬日午後，纜車緩緩上升，扣在一腳上的雪板也跟著搖搖晃晃，隨著高度逐漸攀升，視線高過滑雪道旁的針葉林，冰凍的貝加爾湖映入眼簾，這一年西伯利亞反常地降了大量的雪，湖面一片平坦雪白，在冬陽照射下閃耀得刺眼不已。

纜車抵達制高點，必須很有技巧地跳下纜車，順勢稍微保持平衡地單腳用板滑一下，一不留意便會跌在下纜車處而阻礙後面的人，或是一不小心就下不了纜車直接下山。我看見其他老練的滑雪者輕巧地跳下纜車後，順勢立即左轉就往第一個大坡度往山下俯衝而去，好生羨慕。不過滑雪板的人，還是得找個地方將後腳扣上雪板才能出發往下滑，我站在制高點的滑道起點，看了一眼右側遠方映雪的貝加爾湖，不忍感到一陣興奮：

「我在貝加爾湖旁邊滑雪吔！」

我又看了一眼正前方，眼下是一道大坡度的滑雪道，對於四年沒有滑雪板的我，深吸一口零下溫度寒冷的空氣，興奮摻雜著恐懼，將重心前傾移動滑板，往山下滑去。不知因為疫情的關係，抑或地處偏遠的關係，這個雪場的滑雪者不多，一整個下午，加進我們三人，估量二十人左右，對於初級程度的滑雪者滑起來實在盡興，因為深知自己掌控滑雪板的能力不夠好，在人滿為患的熱門滑雪場練習時，綁手綁腳，總擔心撞傷前方倒在雪地上的別人，也擔心自己跌倒時會被後方滑雪者撞傷，在這裡能夠盡情地練習大轉彎、小轉彎、加減速，動作練習失敗時，有寬敞的空間放心地讓自己摔進雪裡。

纜車通行證時限到期前的最後一趟滑雪，我摔了四次，肌肉開始痠痛，這令我憶起了二〇一五年在日本安比初學滑雪時，儘管很快能在兩天內初步掌握各種動作，到了第三天上午，和教練帶學習進度較快的一組人去嘗試滑了一段盡是鬆雪的中高級滑道，每回跌入鬆雪再爬起，從泳池爬回岸上一樣沈重費力，我幾乎耗盡了體力，才撐到滑完那段令人畏懼陡立的坡，這是人生至今三次在陡坡上不上下不下、不知如何是好的困窘時刻之一。

耗盡體力的下場，便是連基本動作都無法確實地做好，中午在一段再簡單不過的初級滑道，一個不經意的跌倒，起身後我留意到自己呼吸時，右側胸廓細微的喀啦聲，當下我便知道自己必定是摔斷了肋骨，後來回國就診也證實斷了兩根。從那時到現在，時間過了幾年，顯然我的核心肌力依舊無長進，此刻的我，用痠痛的肌肉維持動作慢慢滑回起點，內心暗自嘀咕著千萬不要再受傷，我在心中默默立下心願，下一回再次回到滑雪場，必定要強健好自己的核心肌群與腿部肌力，體能永遠是技術的一部分，任何的運動，沒有好的體能絕對無法維持好的技術。

在滑雪場的餐廳簡單用過下午茶補充熱量，等待計程車司機來接我們，從滑雪場大門下山的道路一出去，即和沿著貝加爾湖沿岸的公路交匯，路口不遠處，正巧是安哥拉河（Angara）和貝加爾湖的交匯處。**安哥拉河堪稱貝加爾湖的心靈伴侶，因為安哥拉河是三百餘條和貝加爾湖有連通的河流之中，唯一的出口**。我看著流動的河水和冰凍的湖面，在眼前一面蒼茫的視線不遠處，畫出一道弧形的交匯線，呼吸著冷冽的空氣，心想，我又回來了，貝加爾湖。（前續，本書第十三篇文末。）

再隔日，我們前往此趟旅程的重點行程—冰潛，潛店位在貝加爾湖邊公路旁，一棟簡單的長形小屋，潛店的人員領著我們踩過厚實的積雪，進屋前看見一旁結凍的湖面被鑿開了一個長約六米長方的洞，方洞裡的湖水面上漂滿著碎冰，此時穿著厚重羽絨衣、頭戴毛帽、脖子裹著厚實圍巾的我，心想：這就是待會要跳進去的冰水坑啊。

冰潛，在結冰水域和冰面下潛水。我一向認為，潛水是充滿危險的活動，正因如此更該注意安全地去從事潛水，更該認真學習潛水相關的知識和學會自行操作和排除障礙的技能。或許有人會認為潛水很危險，那就不要潛水，此論過於矯枉過正，這就像台灣交通事故率與死亡率高，行走或行車在路上發生事故的機率比潛水還高，外出比潛水還危險，那是不是就不要出門？而是應該出門更謹慎注意交通安全。事先磊哥和我已取得乾式防寒衣潛水執照，熱愛潛水的費歐則是擁有進階潛水執照和豐富的潛水經驗，必須有基礎潛水能力和經驗，才能參加冰潛執照課程。

低溫的世界，不論是對海、路、空的活動，都將門檻倏地拉高。光是戴上面鏡看似再簡單不過的動作，都需要用高溫的熱水將玻璃材質鏡面的面鏡川燙過才能戴上，才不至於沾溼的面鏡在下水前，低溫的環境氣溫已在面鏡鏡面上結層冰霜，下水會徒然視茫茫。

俄羅斯教練先是用英文講課，冰潛與一般潛水最大的差異，在於需要拉繩，這是潛水員與控繩人相互合作的潛水活動，極低溫水域的視線多半能見度低，在冰層下倘若失去方向找不到冰層出口，人生最終的結局將會踏上鐵達尼號傑克的後塵，成為一塊人形浮冰。冰潛下水後，無時無刻要掌握著那條懸命的繩，拉一下表示OK，拉兩下表示Stop，拉三下表示請人收繩，除了學習各種訊號，還要學習收繩時如何排除障礙，以及如何以半圓、同心圓移動方式搜救，整個課程結束，最大的心得是那位在岸上放繩與收繩的控繩人經驗顯得十分重要，也是最不能得罪的人。

最後迎來的重頭戲，是穿上厚重的乾式防寒衣和禦寒潛水頭套，準備下水，一走出戶外零下二十度的冷空氣迎面襲來，真正下水後，全身唯一完全直接暴露於冰湖水的臉部，冰凍感如細針襲來，第一支氣瓶下水後，不一會兒我便感到頭暈目眩，咬著二級頭咬嘴，抬頭看著陽光被湖面冰層隔絕在伸手觸不及的外界，那光景，簡直是電影、動畫裡主人公沈溺深海中最後所見的畫面。

下潛後第一個深度停留，教練詢問費歐和我是否安好，我注意到那強烈的頭暈來自於自己無意識的過度換氣，當下很難在冰水下調整呼吸，我趕緊向教練示意要回到水面。出水面後，很快地調整好呼吸，再重新下水，這回適應了強烈的冰凍感後，才有辦法跟著教練的指示移動，我們練習的地方就在貝加爾湖的沿岸邊，距離水底的深度不大，下到湖底，未料這寒凍的湖水裡，竟然有數量如此繁多的湖蝦，身形較一般蝦子圓潤的可愛生物，肢腳忙亂地划動著，在眼前繽紛地游動，和之前在貝加爾湖博物館的水族區，看見那一缸聚集在水族缸底了無生氣的湖蝦相比，天壤之別。

潛完第二支氣瓶練習搜救，出了水面，換磊哥下水，我和費歐開心地穿著乾式防寒衣，在結冰的貝加爾湖面上拍起網美照，濕透的防寒衣，隨著出水面後時間的流逝，在低溫環境下逐漸凍僵，我們只能抓緊時間，在防寒衣徹底凍僵前，儘速拍完回到室內回暖，完成這次的冰潛課程。

#奧洪島，貝加爾湖上的明珠

離開里斯特夫揚卡，我們前往貝加爾湖中最大的島—奧洪島（Olkhon），車子奔馳在公路上，一路不斷重複的西伯利亞蒼茫景色，加以車上暖氣的催眠，沿途昏昏欲睡，三個小時後，終於抵達湖岸的邊界，看起來夏季是碼頭，冬季則是開上冰路前的一道閘口，車子駛上滑溜的冰面，輪胎與貝加爾湖冰面發出了不一樣的摩擦聲響，我們一下子興奮得全清醒過來了。

奧洪島南北七十二公里，寬十二公里，是世界上第三大湖中島，島上的制高點知滿山（Mount Zhima）標高一二七四公尺，從此處能眺望島上南面的草原、東面的濃密樹林和西面薩滿石，被原住民尊為聖石的薩滿石。薩滿石前絡繹不絕的遊客蹤跡，在觀光旺季期間除了深夜時刻才會短暫消匿。奧洪島上最熱鬧的村莊位在接近島中央的地方，開過冰湖面上島後，必須再開約莫半個鐘頭像越野競賽的路，最後才來到我們住的民宿。

天色已黑，在主人從屋內出來前，車子抵達的聲音已經引來民宿家的狗艾莉好奇地趴在白色圍籬邊搖尾巴，這裡是我二〇一九年帶家人前來時住過令人極為懷念的民宿，每每從天寒地凍的冰上獵遊返回，屋子裡既溫暖又溫馨，房裡獨立衛浴有水壓足夠的熱水，對於住在貝加爾湖區的人而言，是莫大的奢侈。貝加爾湖畔約莫半數以上的民宿為雅房，甚至衛浴獨立在「屋外」，零下三十度的冬夜倘若想如廁，需要從被窩裡爬出、套上羽絨外套等全身禦寒行頭到屋外上廁所，光是這點，這間民宿就大勝半數以上的其他住宿。

虔誠的東正教民宿老闆Sergi通俄、英、法文，一樓住著他們一家子六口、黑狗艾利Elley，和樓上樓下穿梭自如的貓咪凱蒂亞Kattya，前一年來時正巧有兩隻剛出生約莫一個月大的小貓咪，房間門沒扣上的話，小貓咪總會溜進我們房裡玩耍，可惜據說小貓咪後來都送給老闆朋友養了。民宿主建物木屋之外，偌大的庭院前方蓋有一棟俄羅斯浴的小木屋，後方則是有一座鞦韆，隔條泥土馬路，有一個小羊圈牧場和農舍，農舍提供給幫忙照顧羊群打工換宿的年輕人住宿，牧場裡養著幾隻哈士奇和一大群山羊，相當熱鬧。除了老闆一家人的親切和善、房間內的獨立衛浴、溫暖的房間、豐盛的早餐，或許最讓我想一再回來的正是這些可愛的動物小傢伙們。

在奧洪島睡到自然醒來的第一個早晨，從窗戶眺望出去，看見不遠處的東正教小教堂，屋頂亮著燈，靜靜地矗立在這場意料外的紛飛大雪，這日正巧是禮拜天，虔誠的老闆上午甫做完禮拜，下午似乎也不想勉強在惡劣的天氣帶我們出門獵遊。我們也慵懶地待在房內，中午才吃完豐盛的早午餐。

直到下午，一個念頭突然閃過腦中，既然巧遇幾十年來難得大雪的貝加爾湖，不正應該好好把握機會欣賞雪景的貝加爾湖。我才終於從賦了一整夜又一整個上午的床鋪離開，風風火火地起身從行李箱裡攤出特地準備的禮服，一面自己著裝，一面慫恿費歐也換上漢服，一起到白雪覆蓋的貝加爾湖面上拍照。

民風樸實的西伯利亞村落，並不時興奇裝異服的人走在路上，尤其這日，氣候不佳天空正飄著細雪，一名中國古代風女子和一名身著禮服自以為類冰雪公主的東方女子，拎著裙擺，在寒風中踏雪緩步前往薩滿石。拜陰鬱的天氣所賜，此時這個本該門庭若市的熱門觀光景點，少了如織的遊客，我拿出攝影器材架設開始測光構圖。

步行快抵達薩滿石處的途中，不知何時路上有隻黃色的流浪犬，默默地跟在身後。奧洪島上似乎有不少流浪犬，走在村莊的街上，在路邊總不時能遇上一、兩隻，在薩滿石附近甚至貝加爾湖面上，也看得見三五成群的流浪犬，佩服他們長時間待在零下二、三十度甚至更低溫的環境下。待我攝影器材準備就緒，直到最後一刻再脫下羽絨外套和毛帽，寒氣絲毫不客氣地穿透我直接曝露在冷空氣中的肌膚，我緩步走到岩壁邊上眺望撲滿雪霜的貝加爾湖，流浪犬小黃也跟在我後頭，我坐臥在雪地上取景，小黃竟亦默默地蹲伏在我跟前，牠百無聊賴地望著底下這片比我熟悉千百倍的貝加爾湖冰雪大千世界。

淒風厲雪中奇裝異服的東方面孔，果不其然引來了其他遊客的注意。

「это ваша собака?」一名路人男子先是用俄文開口，見我沒有回應。

「Is this your dog?」改口用帶著濃厚腔調的英文問我。

「No, I just met it a few minutes ago.」我尷尬地笑著，倒是感謝這隻自來熟的流浪犬小黃，陪我留下一個唯美的畫面，記錄一個靜好的時刻。

#湖豹寶寶萌樣的假面真相

經過一夜飄雪落定，翌日白晝天氣終於放晴，極地裡每每轉晴的日子，氣溫經常反倒驟降。早晨天色已亮，民宿老闆Sergi開吉普車載我們來到貝加爾湖冰面上，此刻太陽仍被擋在知滿山後，舉頭望去天空萬里一片蔚藍，低頭俯視遍地整抹皚白，藍與白之間被一清早就馳騁在湖冰面的眾多吉普車，劃出一道道分隔線。

貝加爾湖的獵遊路線，大致分為南線與北線，意指從位在奧洪島中央西側薩滿石出發，往北走稱北線，有經典的三兄弟石與冰洞，往南走為南線，有氣泡冰面和小島。

之所以吸引我冬季前來貝加爾湖，起因於二〇一五年偶然被一張在網路上流傳的照片所吸引，照片上是一塊塊被擠壓隆起碎裂的片狀冰塊，陽光穿透澄澈的冰晶折射出迷人的蒂芬妮藍，我對照片裡的色彩深深著迷，許願有朝一日要親蒞畫面中的實境，親眼看見大自然中真實的顏色。

獵遊的吉普車，載著一車車的遊客尋找特殊的氣泡冰，遊客雖眾多，然而均攤在遼闊如海的貝加爾湖上，單位面積上的均數仍稀疏得可以，不過總會在地廣人稀的湖面某處，赫然發現群聚的車輛，多半是較有特色的冰洞或地形。

這年大量降雪，雪景雖美卻反倒掩蓋住冰凍貝加爾湖最大的賣點，看見此起彼落趴在湖面雪地上奮力撥開積雪拍氣泡的各國遊客，那畫面不覺好笑，當地的老司機表示，每隔二、三十年會出現一年像這樣的反常天氣。

熬著將近零下三十度的低溫撥開積雪相當費工，我們索性各自找塊其他遊客已經清理掉積雪的冰面來拍照，看著冰面底下在上升過程被瞬間封印的沼氣氣泡，或呈現蕈狀雲朵，或呈現繽紛的點狀細微氣泡，氣泡移動過程中在某個微不足道的剎那隨機被定格了下來，就此莫名成為了宛如故宮的展覽品，春天來臨融化前，一整個冬季被摩肩擦踵的遊客瞻仰。

去年來的時候，我還詫異奧洪島上的雪很少，在偌大如鏡面的湖冰面上，氣泡也拍了、冰也溜了、冰面碰碰車也玩了，今年來整個湖面都是雪，結果看起來倒是像極了烏尤尼鹽原，從島上制高點知滿山上眺望全湖雪景極淨美。

冰封的冬季貝加爾湖，看似孤寂，實則熱鬧異常，除了眾多忙於尋找冰洞、冰柱、冰氣泡、冰裂隙拍照打卡的標準款遊客之外，晴朗的日子還能見上利用此處強風玩飛行傘極限滑雪的人、在湖面鑽洞冰釣的人，或是肉身拖著行李雪橇橫渡貝加爾湖的人、在冰湖面上露營的人，來自全世界各地形形色色的旅人各自選擇舒心的方式來此體驗貝加爾湖，也令我大開眼界。

大致花了兩天，我們走完一般遊客前來貝加爾湖都會瀏覽的路線，第三天起我們開始出發往奧洪島東北側、東側，以及橫跨貝加爾湖到東側對岸的村落，希望能夠看見野生貝加爾湖豹寶寶，每日往返獵遊路途遙遠，幾乎皆是一整日都待在冰湖面上移動各處。

一日，一早出發時，在奧洪島北面看見上一個獨自冰湖健行的西方男子，Sergi注意到獨行男子頻頻回頭，他將車子駛到男子身邊，搖下車窗與男子對話。男子拉下裹面的圍巾，露出慘白的嘴唇，開口詢問是否有熱水能給他，他前一晚在奧洪島北面的湖岸邊露營過夜，但是快被凍僵了。Sergi拿出熱水壺倒熱水給男子，男子接過冒煙的保溫杯，立刻啜飲了起來。男子謝過我們，他正準備往回走回村莊，與我們反方向，看見男子下意識地搓著發冷的手，我突然想起我正發燙的口袋，於是從羽絨外套口袋裡掏出兩包早上剛打開加熱的暖暖包送給他，西方男子先是對暖暖包感到很驚訝，下一秒握著暖暖包露出滿足開心的表情道謝，頓時我腦中閃過念頭，這大概是古人成語裡所謂的「雪中送炭」了吧。

連續幾日，我們成日白天在湖冰面搜尋未果。後來，Sergi與原住民獵人朋友聯繫，經過Sergi的說明，我們才瞭解，原來貝加爾湖新生的湖豹寶寶，因為尚未脫毛，不擅游泳，所以湖豹媽媽會在厚冰層下挖鑿安全的坑洞讓湖豹寶寶藏身，類似狡兔有三窟，湖豹亦是，會準備好幾個冰下洞穴，有些是藏身用，有些是單純的呼吸孔。身為觀光客，穿著雪靴踩踏在硬實的寬廣冰面上，難以想像底下其實仍活躍著為數成千上萬的湖豹。

即便是經驗老道的原住民獵人，新生湖豹寶寶的目擊率也並非很高，Sergi的原住民朋友養了一群專門訓練用以搜尋貝加爾湖豹的西伯利亞獵犬，能夠協助獵人，即便如此通常約莫好幾天到一周才能遇上一回目擊湖豹。更令人心碎的是，Sergi告知我們常見明信片上印製的可愛湖豹寶寶照片，幾乎都是被捕捉到的湖豹寶寶，放置在冰湖面上的擺拍，正常情況下全身白色毛茸茸的寶寶不會爬到冰湖面上，而拍完照的寶寶就會被獵人帶走。意識到明信片上伏臥在冰面上眼睛眨巴的湖豹寶寶模樣，竟然皆是牠們的遺照，事實真相的震撼對我衝擊甚巨，卻也依舊得接受這是當地原住民長久以來在貝加爾湖謀生共生的方式之一。

滑壘入境

記得甫抵伊爾庫茲克的那日，我們前往市區逛街購物，商場大樓裡長長的走道，兩側羅列著各色商店，一些店家的店員站在門口，表情看上去冷漠嚴肅，儘管過去所認識的俄羅斯人多半外冷內暖，然而這些店員的表情不免讓我暗自臆測，是否因天晚已屆打烊時刻，正在倒數計時準備收工下班，才因此一副不甚歡迎顧客的模樣。不過我和費歐被一家店裡琳瑯滿目的圍巾所吸引，俄羅斯大嬸店員的臭臉與監視可疑人物般的視線，阻擋不了我們想購物的強烈意念，挑選好目標物，最後一關是必須完成結帳，一開口，果然英文不通，店員拿出計算機一一按出了價格，一番討價還價稍微要了些折扣，拿出信用卡結帳後，店員大嬸似乎重複地問我了個問題，我依稀聽出關鍵字俄文的「中國人」，一下子，我猜出她想問的問題。

"Я из Тайваня, а не китаец, и у меня нет пневмонии." 我來自台灣，不是中國人，我沒有肺炎。我一口氣把我出發前特地練習的幾句俄文說出來。

沒料到，俄羅斯大嬸店員臉上的臭臉瞬間瓦解，還立刻走到門口隔著走道跟對面商家的店員們用俄文嘀咕了什麼，一下子大家臉上對我們露出放鬆的微笑。

在貝加爾湖的日子，白天滑雪、冰潛、逛博物館、參觀民俗村、搭狗拉雪橇、獵遊、拍冰玩冰、造型外拍、尋找湖豹寶寶、騎馬、跳貝加爾冰湖的俄羅斯浴，晚上看疫情、查機票中，一天天度過，一直到三月四日的晚間，我們才終於下手買三月八日凌晨的回程機票，幾番研究和考量，最後走一個曲折但趨吉避凶的路線返台，我們從俄羅斯伊耳庫茲克搭直飛越南芽莊國際機場的班機，利用落地簽進入越南，而這一天亦剛好是從疫情地區韓國轉機後的第十五天，正巧符合在沒有疫情的俄羅斯隔離十四天條件，順利入境越南。

我戴著N95口罩，穿著羽絨衣和雪靴出現在高溫三十六度的越南芽莊機場，彷彿在執行什麼不可能的任務。由於芽莊沒有直飛台灣的班機，只能再轉搭越南國內線班機前往胡志明市，從胡志明市搭機返台。返台時越南尚未升級成疫情地區，隔兩日我便復工在急診室繼續上班，繼續每日十二小時N95戴好戴滿，繼續追著不斷更新的新冠篩檢與隔離規範時，發現新聞剛宣布越南取消發落地簽，幸運如我，讓我在層層關卡閘門落下前，又滑壘入境，盡興地體驗了一趟不同風情的貝加爾湖，順利返台回到工作崗位上。

當初，沒有誰能料到，這將是一場長達三年漫長疫情籠罩的前奏。

執筆的此刻，全球疫情已然解封，每每想起二〇二〇年一則英國的新聞，一名父親因為疫情失業而擔憂房屋貸款問題，將妻子與三名年幼的孩子殺死後，舉槍自盡，不禁嘆息。三年過去了，停擺的全世界又復甦旋轉起來了，儘管整個世界似乎換了一個新的面貌，卻又是本質上還是那個地球，留得青山在，不怕沒柴燒，只要選擇努力活著，總還有機會可以再多看看這個豐富多樣化的世界一眼，多好！

這個世界未來或許還會有更多危機，只要活著，就繼續旅行下去，迎接下一個十九年的旅程。

台北經首爾轉機飛往俄羅斯伊爾庫斯克的班機，全程戴著N95口罩，機上供餐也未進食。

伊爾庫斯克街景，攝氏零下十幾度的氣候，路面已結冰，人行道旁堆滿被剷至路邊的殘雪。市區街上除了我們同行三人，未見其他人戴口罩。

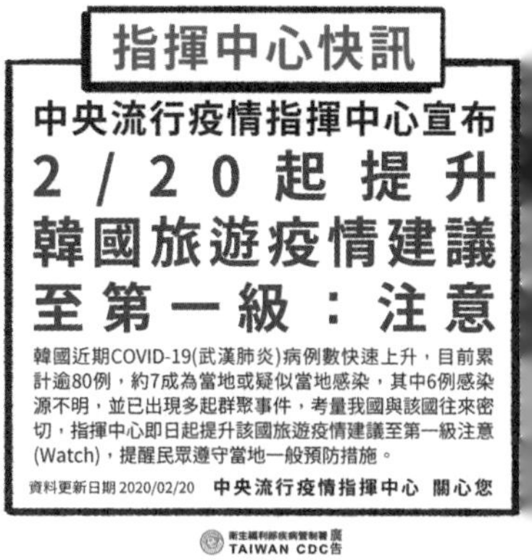

疫情初起時，風聲鶴唳的當年，原本預計二〇二〇年二月二十三日經韓國首爾轉機，二十日公告為第一級旅遊警戒地。

韓國首爾二〇二〇年二月二十二日公告為第二級旅遊警戒地，此時班機尚未被停飛。

二〇二〇年二月二十三日經首爾飛往俄羅斯的班機順利啟程，隔日首爾被公告為第三級旅遊警戒地，往來首爾的所有航班皆停飛。

冰潛時從結凍冰面下所見的視野。

在貝加爾湖進行冰潛訓練。

冰潛教練、助教與好夥伴金磊、費歐。

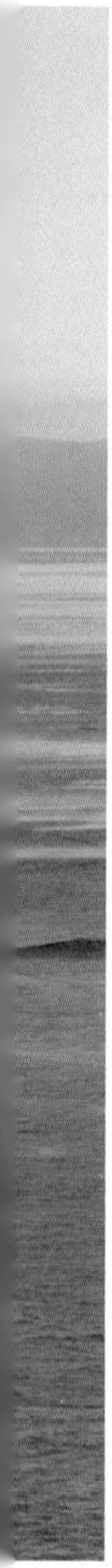

正在享受日光浴的俄羅斯街貓，自帶毛茸茸、暖呼呼的毛皮來適應高緯度寒冷的氣候。

位於里斯特夫揚卡的貝加爾湖博物館，裡頭有一座圈養著兩隻貝加爾湖豹的水族箱，經長年演化後，體型相較其他海豹顯得圓胖可愛。

安哥拉河Angara和貝加爾湖的交匯處，安哥拉河是三百餘條和貝加爾湖有連通的河流之中，唯一的出口。

貝加爾湖特有的氣墊船，冬季汽車駕駛在結凍的湖冰面上容易打滑，因此發展出這種特殊的交通工具，能在結凍湖面上移動，大幅縮短湖畔各個村落間陸路交通時間。

貝加爾湖畔的紀念品商店，常販售著各式貝加爾湖豹造型的紀念品。

二〇二〇年正巧碰上數十年才會遇見的大量降雪，白雪覆蓋了像鏡子的湖面。

我們在貝加爾湖旁滑雪吔！

二〇二〇年意外的降雪，覆蓋住了讓大量遊客慕名而來的冰凍泡泡湖面，寬廣的湖面上，到處遺留下遊客為了一窺冰凍泡泡，在低溫氣候下辛苦撥開積雪的區域。遊客趴在地上撥雪的景象，也成了當年奇特的現象。

撥開湖面上的積雪，才終於能一窺特殊的貝加爾湖冰凍氣泡。

當年我們特地準備了漢服與冬季襖袍前往貝加爾湖拍攝，致敬牧羊北海邊的蘇武。

低溫寒風中奇裝異服的東方面孔，果不其然引來了其他遊客的注意。

我們向奧洪島上的民宿老闆商借他們家的羊拍攝。

奧洪島上的迷你東正教教堂。

坐落在緊鄰著貝加爾湖畔的小木屋，有種與世隔絕之感。

當年吸引我前來冬季的貝加爾湖，是一張網路照片，澄澈無瑕的湖水所凍結的冰塊，在陽光的照射下透出蒂芬妮藍的色澤。

因為疫情變化不斷快速蔓延的關係，回程返台，我們也無法從來時的韓國轉機返台了，最後找到從伊爾庫斯克直飛越南芽莊機場，再轉搭越南國內線班機到胡志明市，最後搭機回台，從攝氏零下十七度的極地瞬間回到高溫三十二度的熱帶地區，一下班機，全身穿戴著毛衣、毛帽、雪靴的我，熱到頭痛，一進海關便趕緊把能脫的都脫掉。

奧洪島的民宿老闆Sergi帶著家裡的狗狗艾利Elley，幫忙我們在貝加爾湖上搜尋貝加爾湖豹的蹤跡。

俄羅斯當地小餐館裡頭，經常提供種類繁多的酒精飲料。

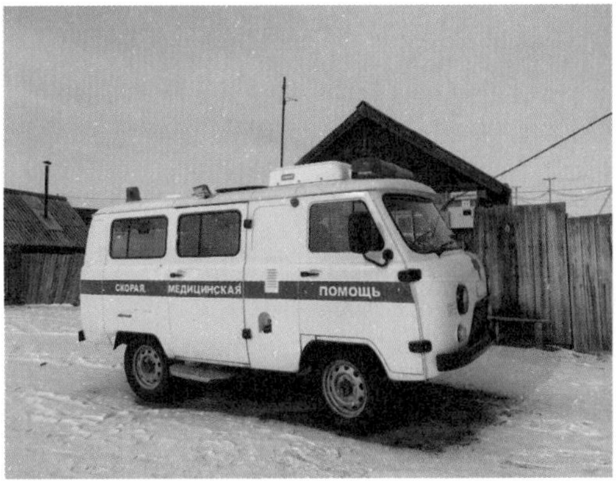

在俄羅斯很流行的廂型休旅車款，從西伯利亞地區到北極圈摩爾曼斯克地區，都能見到這種車款，從救護車到我們每天搭乘出門去湖面上獵遊的車，幾乎都是同款車。

國家圖書館出版品預行編目資料

渴旅十九（下）／貝琪梨著；-- 初版. -- 臺北市：黎明文
化,2024.11〔民113〕面；公分 –
　　ISBN 978-957-16-1032-0(上冊：平裝)
　　ISBN 978-957-16-1033-7(下冊：平裝)

　　1.CST: 旅遊文學 2.CST: 世界地理

719　　　　　　　　　　113014213

圖書目錄：817063（113-15）

渴旅十九（下）：
踏破荒野，關於我從城市背包挑戰極地探索的事

作　　　者	貝琪梨
地 圖 繪 製	Nidraw泥作
董 事 長	黃國明
發 行 人	
總 經 理	文天佑
總 編 輯	楊中興
副 總 編 輯	吳昭平
美 編 設 計	楊雅期

出 版 者	黎明文化事業股份有限公司
	臺北市重慶南路一段49號3樓
	電話：（02）2382-0613分機101-107
	郵政劃撥帳戶:0018061-5號
發 行 組	中和市中山路二段482巷19號
	電話：（02）2225-2240
臺 北 門 市	臺北市重慶南路一段49號
	電話：（02）2311-6829
公 司 網 址	郵政劃撥帳戶:0018061-5號
	http://www.limingbook.com.tw

總 經 銷	聯合發行股份有限公司
	新北市新店區寶橋路235巷6弄6號2樓
	電話：（02）2917-8022
法 律 顧 問	楊俊雄律師
印 刷 者	中茂分色製版印刷事業股份有限公司
出 版 日 期	2024年12月 初版1刷
定 價	新台幣420元